YES와 NO로 알아보는

나의 필기
습관!

노트 한 권으로 대학에 간다고?
노트 활용만 잘해도 점수를 올릴수 있단 말이지~?!
흠흠! 그럼 내 필기 습관이 어떤지부터 알아봐야겠군!
Yes면 직선 ⟶ 을, No면 점선 ┈┈▷ 을 따라가면 되는 거지?
어디 한번 시작해 볼까?

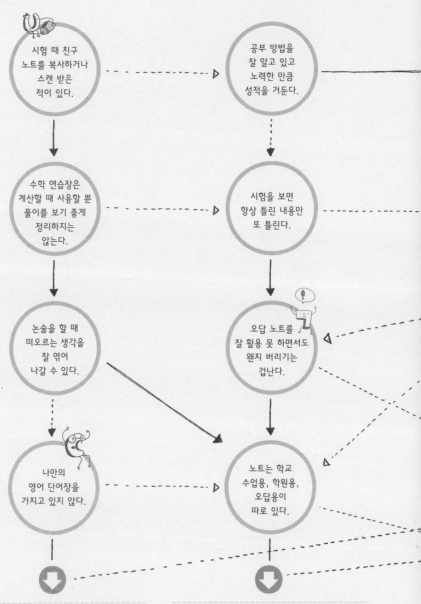

시험 때 친구 노트를 복사하거나 스캔 받은 적이 있다.

공부 방법을 잘 알고 있고 노력한 만큼 성적을 거둔다.

수학 연습장은 계산할 때 사용할 뿐 풀이를 보기 좋게 정리하지는 않는다.

시험을 보면 항상 틀린 내용만 또 틀린다.

논술을 할 때 떠오르는 생각을 잘 엮어 나갈 수 있다.

오답 노트를 잘 활용 못 하면서도 왠지 버리기는 겁난다.

나만의 영어 단어장을 가지고 있지 않다.

노트는 학교 수업용, 학원용, 오답용이 따로 있다.

'공부에 왕도가 있나, 그냥 열심히 하는 거지 뭐'를 좌우명으로 삼은 나. 열심히 하다 보면 언젠가는 성적이 오를 거라 믿는다. 그런데 그게 언제냐고~?

뭔가 늘 2% 부족함을 느끼는 나. 시험을 보면 꼭 아는 걸 틀린다. 안 그래도 억울한데 선생님은 실수도 실력이라며 염장을 지르신다. 열심히 하는데 뭐가 문제일까?

과목의 특성에 따라 공부 방법을 달리할 필요가 있다는 걸 아시는지? 그래야 같은 시간을 들이더라도 최대의 효과를 낼 수 있다는 사실 (☞ 4장으로)

무조건 닥치는 대로 머리에 집어넣는 공부를 하기 때문. 머릿속이 체계적으로 정리되어 있지 않으면 아무리 많은 것이 들어 있어도 시험 볼 때 출력이 안 된다는 사실 (☞ 3장으로)

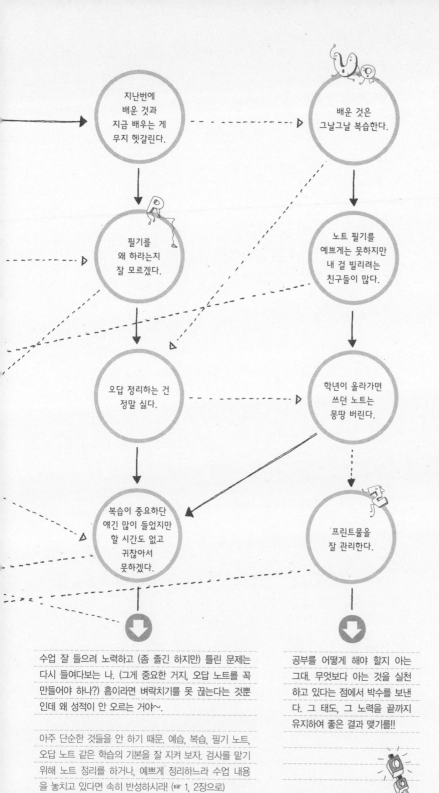

지난번에
배운 것과
지금 배우는 게
무지 헷갈린다.

배운 것은
그날그날 복습한다.

필기를
왜 하라는지
잘 모르겠다.

노트 필기를
예쁘게는 못하지만
내 걸 빌리려는
친구들이 많다.

오답 정리하는 건
정말 싫다.

학년이 올라가면
쓰던 노트는
몽땅 버린다.

복습이 중요하단
얘긴 많이 들었지만
할 시간도 없고
귀찮아서
못하겠다.

프린트물을
잘 관리한다.

수업 잘 들으려 노력하고 (좀 졸긴 하지만) 틀린 문제는
다시 들여다보는 나. (그게 중요한 거지, 오답 노트를 꼭
만들어야 하나?) 흠이라면 벼락치기를 못 끊는다는 것뿐
인데 왜 성적이 안 오르는 거야~.

아주 단순한 것들을 안 하기 때문. 예습, 복습, 필기 노트,
오답 노트 같은 학습의 기본을 잘 지켜 보자. 검사를 맡기
위해 노트 정리를 하거나, 예쁘게 정리하느라 수업 내용
을 놓치고 있다면 속히 반성하시라! (☞ 1, 2장으로)

공부를 어떻게 해야 할지 아는
그대. 무엇보다 아는 것을 실천
하고 있다는 점에서 박수를 보낸
다. 그 태도, 그 노력을 끝까지
유지하여 좋은 결과 맺기를!!

노트 한 권으로 대학 가기

노트 한 권으로 대학 가기

지은이 이지은

초판 1쇄 발행 2007년 4월 5일 **초판 8쇄 발행** 2010년 1월 22일

펴낸곳 뜨인돌출판사 **펴낸이** 고영은
총괄상무 김완중 **책임편집** 이준희
기획편집팀 이재두 신문수 이혜재
마케팅팀 이학수 오상욱 엄경자 진영수 **총무팀** 김용만 고은정

외부기획 서울출판정보 **북디자인** 김진 디자인 **필름출력** 스크린 **인쇄** 예림 **제책** 바다

신고번호 제1-2155호 **신고년월일** 1994년 10월 11일
주소 121-840 서울시 마포구 서교동 396-46
대표전화 (02)337-5252 **팩스** (02)337-5868
뜨인돌 홈페이지 www.ddstone.com **뜨인돌 블로그** blog.naver.com/ddstone1994
노빈손 홈페이지 www.nobinson.com

ⓒ 이지은, 2007

노트 한 권으로 대학가기

이지은 지음

뜨인돌

생각을 기록하는 것은
유한을 무한으로 만든다

    종이 위에 펜으로 무언가를 적는 행위는 어디에서나 볼 수 있는 흔한 모습이지만 이것을 하는 것과 안 하는 것은 엄청난 결과의 차이를 만든다.

    공부를 할 때는 생각한 것을 기록하는 것이 무엇보다 중요하다. 생각하는 과정과 그 생각을 기록하는 과정이 없는 공부는 성적 향상에 전혀 도움이 되지 않기 때문이다. 똑같이 노트 필기를 하면서도 성적 차이가 나는 이유는 필기의 과정이 '생각의 과정'이었느냐, '색 펜 다섯 개와 자, 포스트잇이 동원된 필기 행위'였느냐의 차이다.

    나는 학생들과 상담할 기회가 생기면 반드시 노트 정리를 어떻게 하는지 묻는다. 성적이 오르지 않는 이런저런 원인들을 모두 고려해도 또렷한 주범이 밝혀지지 않는 경우에는 대부분 노트 정리와 관련이 있다.

노트 정리에 문제가 있다고 생각되는 학생들과의 대화는 대부분 이런 식으로 진행된다.

"공책들은 어디 있어?"

"학교에요."

"집에는 안 가져오나 보네?"

"시험공부 할 때나 공책 검사할 때 빼고는 잘 안 봐요."

"학교에서는 노트에 뭘 적어?"

"선생님이 칠판에 적는 거랑, 아! 국사 선생님은 한 자도 빼지 말고 다 적으라고 하세요. 노트 검사로 수행평가를 대신하거든요. 판서를 안 하는 선생님들은 프린트물을 주시니까 거기에다 적어요."

"오답 노트는?"

"학교에서 검사해요. 그래서 지난달 본 모의고사는 오답 정리 다 했어요."

"그때 말고도 해본 적 있어?"

"아니요."

"그럼 지난번 모의고사 정리한 거는 어디 있어?"

"사물함에 넣어 두었다가 대청소하는 날 버렸어요."

이것이 거의 모든 고등학생들의 상황이라고 해도 과언은 아닐 것이다. 학생들과 대화를 나누면서 가장 마음 아픈 사실은 노트 활용이 지나치게 수동적이라는 사실이다. 가장 큰 문제점은 노트 필기를 할 때 자신의 생각이 전혀 담기지 않는다는 것이고, 두 번째 문제는 굳이 노트에 쓸 필요가 있느냐는 '귀차니즘' 이었다.

대부분의 학생들이 수동적인 학습 환경에 익숙해진 나머지 노트 활용을 어떻게 해야 할지 스스로 판단하지 못한다. 거기에는 여러 가지 원인이 있겠지만 한 가지 분명하고도 해결 가능한 원인이 있다. '자신의 실력을 올려 줄 노트법을 배울 기회가 없었다' 는 점이다.

나는 이 책에서 그 방법을 알려 주고 싶었다. 공부를 하면서 이루어지는 사고의 과정을 기록하는 것은 성적 향상으로 이어질 것이고, 생각을 정리하는 습관은 나의 인생을 성공으로 이끌어 줄 것이다.

이 책에는 자신의 역량을 한껏 드러내지 못하는 학생들을 향한 오랜 안타까움과 학습법을 연구하며 쌓아 왔던 노하우가 녹아 있다. '생각을 기록한다' 는 주제 문장을 꼭 잡고 이 책을 읽어나가기 바란다. 누구나 공감할 수 있는 예화들과 다른 학생들의 노트 이미지를 보면서 "나도 충분히 할 수 있는 것이구나"라는 자신감을 얻을 수 있을 것이다. 노트법에 대한 별 생각 없이 책을 보게 된 독자라 해도 이 책을 읽다 보면 어떤 식으로 노력을 해 나가야 할지 감을 잡게 될 것이다.

지금 이 순간부터 가장 효율적인 노트 정리를 하겠다고 다짐하자.

이지은

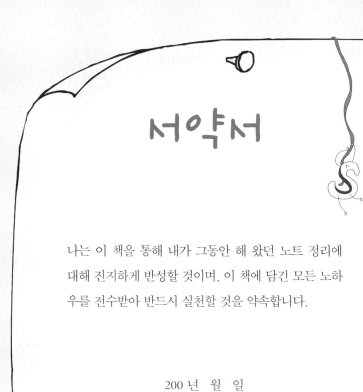

서약서

나는 이 책을 통해 내가 그동안 해 왔던 노트 정리에
대해 진지하게 반성할 것이며, 이 책에 담긴 모든 노하
우를 전수받아 반드시 실천할 것을 약속합니다.

200 년 월 일

성적을 올리기로 다짐한 _____ (서명)

CONTENTS

책을 열며 생각을 기록하는 것은 유한을 무한으로 만든다

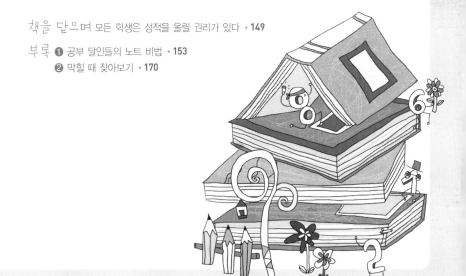

필기 노트
우습게 보지 마라

필기의 위력은 이렇게 대단하다. '공부할 맛'을 결정하는 녀석이 바로 '수업 중에 한 필기'이다. 필기는 수행평가를 위해서가 아니라 실력 향상을 위해 반드시 해야 하는 것이다.

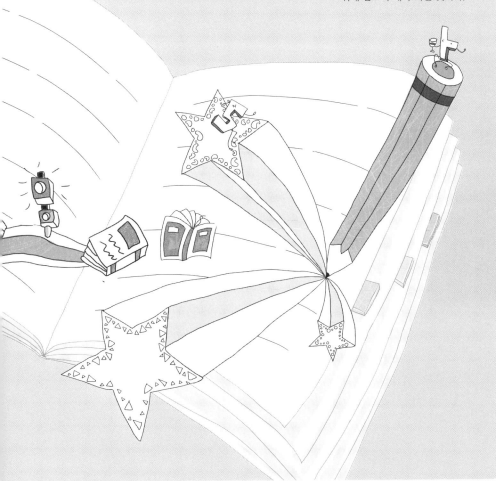

'필기? 요즘엔 프린트로 다 나눠 주고, 칠판 내용이야 디카로 찍으면 되고, 그래도 필기를 해야 하면 친구 거 복사하면 되는데 귀찮게 필기는 무슨…?'

'필기 노트'라는 단어를 보는 순간! 이런 생각이 번쩍 스치고 지나간 사람, 손 들어 봐! 오~호! 뜨끔해서 손 안 드는 친구들도 있는 거 같은데~. 슬슬 긴장해야 할 거야. 필기 노트는 그렇게 만만한 녀석이 아니거든. 필기에 집중하느라 수업 내용을 놓치는 것도 문제지만, '노트 필기 짱인 애들도 성적이 그렇고 그렇더라'며 자신의 깨끗한(!) 노트를 부끄러워하지 않는다면 그건 더 큰일이야.

이번 장에서는 가장 기본이 되는 내용부터 보려고 해.

✔ 노트 필기가 왜 필요한지

✔ 우리들이 오해하고 있고 많이 하는 실수는 무엇인지

✔ 어떻게 하면 효과적으로 노트 필기를 할 수 있는지

내가 장담하지! 이대로만 따라하면 성적이 안 오르고는 못 배길걸!

1. 노트 필기가 왜 필요할까?

더운 여름에 만난 P군은 입시를 앞둔 고3이었다. 워낙 놀면서 지난 세월을 보낸지라 내신을 포기한 지 오래였고 수능에 한가닥 희망을 걸고 있었다.

"수업시간에 쓰는 노트 있니?"

"아니요."

"고3이라 노트 검사도 안 하는구나?"

"네. 1,2학년 때도 노트 검사 같은 건 안 했어요. 남학교라 그런가 봐요."

"그럼 네가 혼자 정리하는 노트는?"

"노트 사 본 기억도 가물가물해요."

'노트' 하면 수업시간에 필기하는 모습이 떠오른다. 노트 필기의 목적은 '두고두고 볼 수 있도록 수업의 주요 내용을 정리하는 것'이겠지만 언제부터인가 노트는 검사용, 제출용으로 전락하고 말았다. 컴퓨터로 문서 작성하는 것이 일반화되면서는 분필가루 날리는 판서도 줄어들고 그 자리를 일목요연하게 정리된 프린트물이 대신하게 되었다. 그나마 '제출용' 노트도 없어지고 있는 것이다.

책상 위에서 노트는 점점 줄어들고 있다. 문구 업계에서도 신학기의 주 수입원이었던 노트 판매량이 급속도로 줄어서 이제는 구색을 갖추기 위해 취급할 뿐이라고 한다.

수업은 생방송, 놓치면 끝이다

수업은 '라이브'이기 때문에 필기가 중요하다. 한번 지나가고 말면 끝나는 수업에서 노트 필기는 수업을 내가 어떻게 받아들였는지를 보여주는 증거 자료이다. 가장 좋은 예로 나의 영어 교과서를 펼쳐 보자. 영어 수업은 대부분 책에 필기를 한다. 따라서 졸면서 필기했던 부분, 아예 잤던 부분, 졸지는 않았지만 딴생각을 하면서 수업을 들었던 부분, 수업에 집중했던 부분이 분명하게 드러난다.

기억을 더듬어 지난번 중간고사(혹은 기말고사) 공부를 했던 때로 돌아가 보자. 공부를 하려고 영어 교과서를 펼쳤을 때 몇 가지라도 필기를 한 부분과 '그냥 하얀' 부분을 바라보는 마음은 하늘과 땅 차이다. 공부를 하고자 하는 마음이 생기는 쪽은 당연히 무언가 적혀 있는 쪽이고 공부 속도도 차이가 크다.

필기의 위력은 이렇게 대단하다. '공부할 맛'을 결정하는 녀석이 바로 '수업 중에 한 필기'이다. 필기는 수행평가를 위해서가 아니라 실력 향상을 위해 반드시 해야 하는 것이다. '검사를 위한 필기'는 실력 향상에 큰 도움이 되지 못한다. (전혀 도움이 되지 않는다고 해도 과언이 아니다.) 선생님이 주시는 내용을 받아만 적는 '수동적인 필기'이기 때문이다. 노트 정리가 수행평가에 들어간다면 더더욱 수업시간에 집중할 일이다. 수업의 내용을 자신의 것으로 만들어 필기를 하였으면 그 노트를 제출하여도 점수에는 큰 지장이 없을 것이다.

내가 말하는 필기는 예쁘고 정성스러운 필기가 아니다. 앞에서 본 P군처럼 노트에 관심조차 없는 학생들도 충분히 할 수 있는 자기만의 필기를 하라는 것이다. 글씨를 못 써도 자기만 알아볼 수 있으면 된다. 그림을 그리든, 아랍어를 쓰든 나만의 방법으로 수업을 기록해 보자.

학교 수업은 내신 출제 위원의 직강이다

대학 입시에서 내신의 비중이 날로 커지고 있다. 이전에는 수능이 대입의 하이라이트였지만 내신과 논술의 비중이 수능과 대등해지고 있다. 학생들에게는 미안하지만 개인적으로는 매우 바람직한 현상이라고 본다.

워낙 수능의 힘이 컸던 과거의 입시 제도와 같지는 않다 해도 수능 출제 문제에 쏟아지는 관심은 대단하다. 전국의 중고등학생과 선생님,

학부모, 학원, 언론, 출판사 등등 그 영향력이 엄청나기 때문에 국가에서도 최대한의 객관성을 유지하려고 적지 않은 세금을 쏟아부으며 최고의 출제 위원을 섭외한다. 많은 사람의 이목이 집중된 탓도 있지만 한 문제 한 문제가 수험생의 대학 진학, 미래, 꿈을 결정할 수 있기에 정성을 기울이지 않을 수 없는 것이다.

수능 출제 위원은 비공개이며 시험 문제를 출제하는 동안 철저한 통제를 받게 된다. 가족끼리도 연락이 어렵다고 하니 시험 문제의 객관성을 유지하기 위한 노력이 얼마나 큰지 알 수 있다.

그러나 우리가 해마다 치르는 중간고사(기말고사)는 어떠한가? 대입에 미치는 영향은 수능과 대등해지고 있는데도 출제 위원이나 채점 위원은 바뀌지 않는다. 또 늘 우리 곁에 있어 언제든 쳐들어갈 수 있다. 내신 출제 위원은 바로 우리가 지겹도록 보는 '학교 선생님'이다. 그런데도 대한민국의 간 큰 학생들은 내신 출제 위원의 직강에서 대놓고 잠을 잔다. 내신을 포기한 것이 아니라면 선생님이 부담스러워할 정도로 수업시간에 집중하자. 수업 내용을 기록해야 함은 물론이다.

오늘부터는 매 시간마다 눈에 불을 켜고 수업을 들을 것이다.
선생님의 의도와 핵심 내용을 기록하여
다시는 내신 준비로 고생하지 않겠다.

필기가 복습 효과를 좌우한다

고등학교 입학 무렵 본 배치고사에서 나는 51명 중 48등을 했다. 충격에 휩싸여 공부에 열을 올렸고, 첫 중간고사에서 1등을 거머쥐었다. 꼴찌에 가까웠던 나의 성적이 수직상승할 수 있었던 이유는 매일매일 빠지지 않고 복습을 한 덕이었다. 좀 미련하기는 하지만 음악, 미술까지 복습을 했다. 내가 예체능 과목까지 복습을 했다고 하면 학생들은 어이가 없어 웃기만 한다. 내가 생각해도 좀 심하지만 '그날의 수업 내용을 잊어버리지 않으려면 그날이 지나기 전에 복습을 해야 한다'는 나만의 철칙을 지키려는 노력이었다.

복습이 이렇게 중요한데도 대부분의 학생들은 이러저러한 이유로 복습을 멀리한다. 고2 여학생 J와 나눈 대화를 잠깐 소개해 볼까?

"학교 수업은 잘 들어?"

"잘 들을 때도 있고 졸 때도 있어요."

"복습은?"

(고개만 절레절레)

"왜?"

"……."

이 착한 학생은 '시간이 없어서요' 라고 말하기에는 핑계 같고, '뭘 해야 할지 몰라서요' 라고 하기에는 바보 같고, 그렇다고 하기 싫은 건 아니어서 이런저런 생각에 잠겼을 것이다. 자, 이 대화 내용이 자기와는 무관하다고 생각하는 사람은 손 들어 보자. 아마 전국에서 5%도 안 될 것이다.

많은 학생들이 복습의 필요성을 잘 알고 있지만 실천하지는 못한다. 왜일까? 대부분 '의지 부족' 이라고 대답한다. '해야 한다는 생각은 있는데 잘 되지 않는 것' 이 문제다. 그렇다면 왜 복습할 의지가 생기지 않는 걸까?

다시 J의 얘기로 돌아가 보자. 나는 앞으로 일주일 동안은 복습에 우선순위를 두라고 당부했다. 이틀 후 J를 다시 만났다.

"복습은 해봤어?"

"네."

"어때? 쉽지 않지?"

(끄덕끄덕)

"시간은 얼마나 걸렸어?"

"야자시간 내내 했어요."

"뭘 복습했는데?"

"그냥… 수업한 부분 읽고, 프린트 다시 한 번 보고 그랬어요."

복습을 하리라 굳게 마음먹은 학생이라면 그날 들은 6~7교시의 수업 내용을 모조리 복습하기 위해 야자시간을 통째로 투자해 본 경험이 있을 것이다. 한 과목에 1시간 정도 걸렸다는 학생들도 많다. 이렇게 시간이 많이 걸린다면 복습은 당연히 실천 불가능이다. 수행평가도 준비해야 하고, 쪽지 시험도 준비해야 하는데 저녁 시간을 모두 쏟아부어야 하는 복습을 어찌 매일매일 한단 말인가? 복습을 못 하게 되는 진짜 이유는 의지 부족이 아니라 '무엇을 복습해야 할지 모르기 때문'이다. 복습해야 할 내용이 정해져 있다면 50분 수업 한 과목의 복습 시간은 10분을 넘지 않을 것이다.

그렇다면 무엇을 복습해야 할까? 내가 수업시간에 공부한 내용이다. 교과서의 분량 중 50분 동안 수업에서 다룬 내용은 얼마 되지 않는다. 선생님이 칠판에 그림을 그리면서 설명했다면 그 그림과 설명의 흔적만 복습하면 된다. 그냥 읽고 넘어간 부분까지 자습서를 뒤져가며 복습할 필요는 없는 것이다. 이런 식의 '오버 복습'은 스스로에게 공부를 열심히 했다는 '착각'을 줄 뿐 큰 효과를 내지는 못한다.

과목에 따라 책에 필기할 수도 있고 프린트에 필기할 수도 있다. 중요한 것은 '내가 무엇을 적어야 할지 스스로 판단하여 필기'한다는 것이다. 선생님이 불러준 내용을 받아 적었다면 그것이 중요하다고 판단했기 때문이어야 한다. '선생님이 불러 주니까 받아 적는다'라는 태도는 매우 위험하다.

이렇게 내가 주체적인 사고를 가지고 적은 내용은 수업이 끝나고 시간이 흐른 후에도 선생님의 농담까지 생각날 정도로 생생하게 기억난다. 복습 시간이 짧아질 수밖에 없는 것이다.

J는 이제 어렵지 않게 매일 수업을 복습한다. 그날 하지 못한 것은 주말을 이용해서라도 반드시 복습한다. 복습의 효과가 얼마나 큰지 스스로 느끼기 때문에 복습에 대한 '의지'는 이제 빵빵하다.

지금 이 책을 읽는 여러분은 복습을 하시는지?

이제는 무엇을 복습할지 생각하며 수업을 듣겠다.
적을 내용을 스스로 결정하는 '능동적인 필기'를 하고,
그 내용을 충실히 복습하겠다.

2. 잘못된 필기 습관 3가지

작년에 쓴 노트는 버린다?

학생들은 지난해에 쓰던 노트를 어떻게 처리할까? 대부분은 거침없이 버린다. 뒤에 안 쓴 부분을 찢어서 연습장으로 사용하는 학생들도 있다. 더 이상 검사를 받을 일도, 그 노트로 시험공부를 할 일도 없다고 생각하기 때문이다.

노트를 버리는 게 왠지 걸리는 학생들은 책꽂이의 구석자리에 잘 모셔 둔다. '언제 또 필요하게 될지 모르니까'라는 생각으로 모아 두지만 다시 보지 않을 것이라는 사실은 스스로도 잘 알고 있다.

작년 혹은 지난 학기의 노트가 이토록 무력한 이유는 그때에도 '수동적인 필기'를 했기 때문이다. 나의 집중력과 에너지로 필기한 것이 아니기 때문에 노트에 대한 애정은 고사하고 공부에 아무 보탬이 안 된다고 느끼는 것이다. 사실 '수업의 기록과 복습'이라는 과정을 거치지 않은 노트들은 종이뭉치에 불과하다.

한 학년 올라갔다고 해서 이전에 배운 내용과 전혀 다른 것을 배우는 것은 아니다. 교과목 전체의 내용을 단원으로 구분하고 그것을 3년에 걸쳐 나눠서 배우는 것이다. 따라서 전(前) 학년의 수업 내용은 다음 배울 내용의 기초가 된다. 그러므로 '수업의 증거물'인 노트들을 꼭 남겨 두어야 한다. '생각하면서 필기한' 보물들을 말이다.

오늘부터 능동적인 필기를 하고 그것을 복습하기로 다짐하였다면 이 노트는 이전의 '종이뭉치'와는 격이 다른 공부 자료가 된다. 필기의 흔적만 봐도 무슨 내용이 적혀 있는지 느낌이 오기 때문이다. 다음에 또 그 내용을 공부하게 된다면 노트를 펼쳐 보자. 내 사고의 흐름이 그대로 남아 있기 때문에 새로운 책으로 공부하는 것보다 훨씬 더 빠르게 기억이 되살아난다.

물론 작년에 내가 필기한 내용 중 필요 없다고 생각되는 부분이나 중요하지도 않은데 심혈을 기울여 필기한 부분, 선생님의 개인적 취향이 지나치게 강조된 부분은 버릴 필요가 있다. '버림의 기술'에 대해서는 3장에서 살피기로 하자(98p 참조).

시험 때 친구 노트를 빌린다고?

노트 정리에 소질이 없는 여고 1년생 K는 시험 때마다 친구들 노트를 복사해 왔다. 빌려서 옮겨 적는 것도 귀찮아 아예 복사를 해 버리는 것이다. 노트를 빌릴 때마다 친구들한테 무시를 당하는 것 같아서 '다음에는 꼭 필기를 하리라' 다짐하지만 시험이 끝나면 언제 그랬냐는 듯 까맣게 잊어버리기 일쑤다.

"수업 시간에는 왜 필기를 못 해?"

"하긴 하는데요, 졸기도 하고… 노트를 집에 두고 올 때도 있어서요."

"다른 곳에다 하면 되잖아."

"연습장에다 적었는데 옮겨 적는 걸 까먹었어요. 연습장도 학원에서 잃어버렸구요."

이 학생의 학교생활과 성적이 어떨지 온몸으로 느낄 수 있었다. 난감 하기도 하고 답답하기도 했지만 어쩌랴, 이런 학생들을 정상(?)으로 만 드는 것이 내 일인걸.

시험 때 친구 노트를 빌려 필기 못 한 부분을 옮겨 적거나 K처럼 아 예 복사해 본 경험이 다들 있을 것이다. 그래도 K는 노트를 통째로 빌 릴 수 있는 '인맥'이라도 있으니 천만다행이다.

"복사해서 공부한 과목은 성적이 잘 나왔니?"

"아뇨, 완전 망했어요."

"왜?"

"아유~ 진짜 열심히 했는데 억울하게 틀린 게 많아요. 다 공부한 건 데 왜 생각이 안 났는지 모르겠어요."

이 뻔하고 뻔한 대화는 수년간 변하지 않는 고정 레퍼토리다. 친구들 눈치 보며 노트 빌리고 문구점 뛰어다니며 돈 들여 복사까지 했건만 시험 점수마저 나와 주지 않으니 사서 고생을 한 셈이다.

K가 복사한 노트가 효과를 내지 못한 이유는 간단하다. 나의 생각이 묻어 있는 필기가 아니기 때문이다. 노트 주인은 자기가 필기한 것을 복

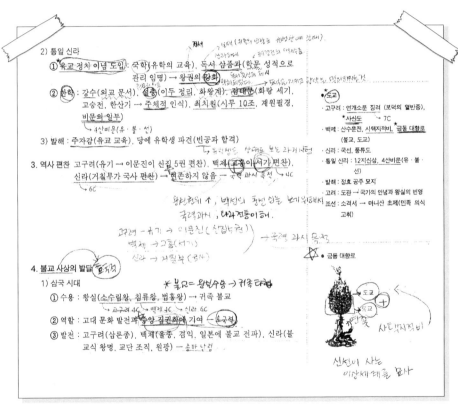

열심히 공부한 흔적까지 함께 복사된 프린트. 잃어버렸던 프린트가 필기까지 되어 내 손에 돌아오다니! 그러나 그 안도감과 나의 성적은 '무촌'이라는 사실!

습하면서 수업시간의 분위기와 선생님이 강조한 내용, 필기를 이해하기 위해 고민한 것 등을 자신도 모르게 복합적으로 반복할 수 있다.

반면, '종이 위의 글자'만을 달랑 가져온 K는 그 문자들이 전해 주는 객관적인 정보만을 암기했을 뿐, 그 내용이 시험 문제로 어떻게 연결될 수 있을지에 대한 살아 있는 학습을 하지 못했다. 모든 학생들이 같은 교과서로 공부하지만 성적이 천차만별인 것과 같은 이유이다.

괄호 넣기나 단답형과 같이 필기 내용이 그대로 나오는 쪽지 시험이라면 모를까, 서술형과 수능형 객관식이 등장하는 정기 고사에서 친구의 노트를 빌리는 것은 심리적 안도감 이외에 아무 의미가 없다.

'다 봤던 것인데 틀림'과 '몰라서 틀림'은 미안하지만 다를 바가 없다. 한 번 봤던 것이니 익숙할 뿐이지 그 내용을 알고 있는 것은 아니다. K가 지금까지 노트 복사를 계속 해 왔던 이유는 '다 봤던 것'에 대한 미련을 버리지 못해서이다. '빌린 노트'를 더 열심히 보면 맞힐 수도 있다고 착각하는 것이다. 우리가 주목해야 할 것은 '틀렸다'는 사실이다. 그렇기 때문에 빌린 노트가 아니라 내가 직접 필기한 노트를 봐야 한다는 것을 기억하자.

'시험 때 빌리면 돼'라는 생각에 사형을 선고한다. 쾅쾅쾅!
친구가 노트를 빌려 주겠다고 사정을 해도 절~대 받지 않겠다!

필기는 학교에서만 한다?

초등학교 때 하던 필기 검사, 숙제 검사, 일기 검사…. 모두 노트라는 공간을 이용하다 보니 학생들의 머릿속에는 '노트=검사를 받기 위한 도구'라는 묘한 공식이 성립되어 있다. 스스로 필기를 하거나 중요사항을 적는 습관이 되어 있지 않은 것이다. 노트 검사가 필기의 목적성을 얼마나 엉뚱하게 만들었는지 실감하게 된다.

필기는 수업 중에 이루어지는 자연스러운 행동이므로 학교는 물론, 학원, 인터넷 동영상 등 수업을 듣는 곳이면 어디에서나 해야 한다. 들은 수업은 모두 복습을 하여야 함도 물론이다. 이렇게 말하면 학생들은 대부분 이렇게 반응한다.

"학원 수업도 복습을 해요?"
"당연하지."
"왜요?"
"학원에서 배운 게 있을 거 아니야."
"……."
"복습은 공부하는 사람이 해야 할 가장 기본적인 행동이야."

자, 가슴에 손을 얹고 생각해 보자. 복습과 예습을 혼자는 못 하겠고 안 하자니 불안해서 학원을 다니고 과외를 하는 건 아닌지 말이다. 무언가 배울 의지로 학원을 간다면 오늘 학원에서 무엇을 알게 되었는지 점검해야 한다. 그 과정이 복습이고 복습을 도와주는 것이 필기이다.

수학을 예로 들자면 오늘 공부한 문제 중에서 선생님이 풀어 준 문제나 틀린 문제가 있을 것이다. 그런 것을 위주로 복습하면 된다. 수학 외에도 과목마다 복습해야 할 내용들이 분명히 있다.

혼자서 수업을 듣는 인터넷 강의도 마찬가지다. 학교나 학원의 수업과는 달리 정지와 시작, 속도 조절을 내 맘대로 할 수 있기 때문에 필기하는 데 시간이 많이 걸리는 친구들에게 아주 좋다. 하지만 일단 인터넷 강의가 시작되면 '정지'와 '멈춤' 버튼은 사용하지 말기를 권한다. 학원에서 수업을 듣는 것과 같은 긴장감으로 강의를 듣는 것이 가장 좋기 때문이다. 받아 적는 데 치중해서 수업의 흐름을 끊는 것은 좋지 않다.

3. 노트 필기의 노하우

바인더 노트를 사용하라

자, 이제 노트 필기에 대한 감이 잡혔을 테니 맘 잡고 필기를 해보자.
여기까지 나의 이야기를 들었다면 책상 주변을 한번 둘러봐라.

"쓸 만한 공책 있어?"

(뒤적뒤적 책꽂이를 살핀다.)

"엇, 동생 공책이 왜 여기 있지? (계속 뒤적뒤적) 이건 작년에 쓰다 남
은 공책이고… 새 공책은 하나도 없어요."

"(윽, 가슴이 답답해 온다.) 오늘 저녁에 나가서 공책을 사라. 알겠지?"

"네."

"어떤 노트를 사야 하냐면…."

대부분의 학생들은 한 권에 30매 정도 되는 노트를 과목별로 산다. 하지만 노트를 들고 다니는 학생은 거의 없다. 사물함에 넣어 두고 수업시간마다 해당 과목의 노트를 꺼내온다. 한두 달 쓰다 보면 노트의 앞과 뒤는 수업시간에 나누어 준 프린트물로 가득하다. 그 프린트물마저 책과 노트 여기저기에 끼워져 있어 시험 때가 되면 잃어버린 프린트물을 찾느라 정신이 없다. 엄청나게 비효율적인 과정이다.

한 장 한 장 뜯기 쉬운 노트라면 어떨까? 필기한 부분만 링 바인더에 끼워 두고 그날 받은 프린트물도 함께 바인더에 끼우면 필기와 프린트물의 내용을 함께 묶어 놓을 수 있어 좋다. 낱장으로 뜯어지는 노트를 사용하면 과목별로 노트를 마련할 필요가 없다. 한 권만 들고 다니면서 모든 수업을 거기에 필기하고 바인더에 정리할 때만 과목별로 분리하면 된다.

"그런 노트가 있어요?"

"그럼!"

"어디에요?"

"너네집 앞 문구점에도 있을걸!"

실력을 높이는 데 보탬이 되는 내용들을 담아라

노트에 담아야 할 내용은 선생님이 쓰신 내용만으로는 곤란하다.

"그럼 뭘 적어요?"

멀뚱멀뚱한 학생들의 눈빛이 눈앞에 선하다. 거듭 말하지만 내가 수업을 들으면서 무슨 생각을 했는지가 더 중요하다. 그러므로 나의 사고의 흔적을 노트에 남겨야 한다. 어떤 부분을 설명할 때 선생님이 드라마의 한 장면을 예로 들었다면 그 옆에 '드라마 이야기'라고 적어 두자. 복습할 때 수업 내용이 훨씬 빨리 생각날 것이다.

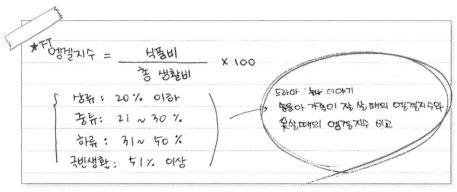

선생님이 수업 중 예로 든 드라마 이야기를 적어 두었다.

선생님이 17페이지를 설명하다가 갑자기 28페이지로 휙 넘어가서는 양쪽 페이지에 나오는 그림(지도, 표, 그래프 등)을 연결해서 설명하신다면? 구두 설명뿐이니 책을 뒤적이며 설명을 듣다 보면 수업이 끝나고 만다. 그럴 땐 그 관계성을 어떠한 방법으로든 적어 두어야 한다. 그리고 복습할 때 그 그림들을 연결해서 봐야 한다. 수업이 끝난 직후나 야자시간에 복습을 바로바로 한다면, 해당 페이지의 그림을 직접 찾아보지 않고 필기만 봐도 그림을 떠올릴 수 있다. 그것으로 복습은 끝이다.

굳이 책을 뒤지는 '행위'는 하지 않아도 된다.

이처럼 필기는 자유로워야 한다. 내가 알아볼 수만 있다면 글자의 모양이나 정리 상태는 문제가 되지 않는다. 수업을 듣다가 문득 확인해 볼 내용이 생각났다면 '지난 주 모의고사에서 비슷한 문제가 있었던 것 같은데'라고 적어두면 된다. 내 실력을 높이는 데에 조금이라도 관련이 있는 내용이라면 그것이 바로 필기의 대상이다. 그렇기 때문에 판서를 안 하는 수업이라도 내가 필기한 내용은 있어야 한다.

노트와 펜이 없는 수업시간은 상상조차 하지 말자.
궁금한 사항이나 새로 알게 된 내용은 반드시 적고,
무엇을 적고 무엇을 흘려들어야 할지 생각하며 수업을 듣자!

펜은 서너 가지 색으로 준비하라

제목을 읽고 얼굴을 찡그리는 학생이 있을지도 모르겠다. 깔끔하고 예쁜 필기와 거리가 먼 학생들이 많다는 것은 나도 잘 안다. 나도 여러 가지 펜으로 필기하는 편이 아니다. 내가 말하려는 것은 형형색색으로 표현한 '노트 꾸미기'가 절대 아니다. (예쁜 노트 꾸미기에 열중하다 엄마한테 꾸중 듣고 억울해하는 친구들한테는 미안한 말이지만 말이다.) 색 펜을 이용해 필기를 깔끔하게 하면 오히려 복습 시간과 시험공부 시간을 줄

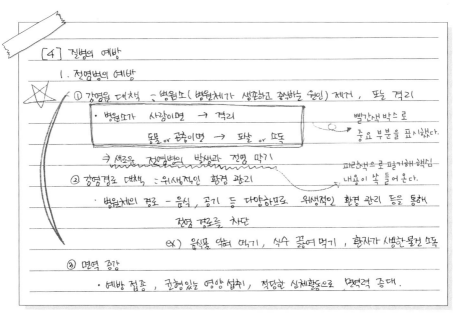

[4] 질병의 예방

1. 전염병의 예방

① 감염원 대책 - 병원소(병원체가 생존하고 증식하는 원인) 제거, 또는 격리

· 병원소가 사람이면 → 격리

  동물 or 곤충이면 → 박멸 or 소독

⇒ 새로운 전염병의 발생과 전염 막기

② 감염경로 대책 - 위생적인 환경 관리

· 병원체의 경로 - 음식, 공기 등 다양하므로 위생적인 환경 관리 등을 통해

  전염 경로를 차단

  ex) 음식물 익혀 먹기, 식수 끓여 먹기, 환자가 사용한 물건 소독

③ 면역 증강

· 예방 접종, 균형있는 영양 섭취, 적당한 신체활동으로 면역력 증대.

빨간색 박스로 중요 부분을 표시했다.

파란색으로 필기해 핵심 내용이 쏙 들어온다.

색을 활용해 필기한 노트. 복습할 때는 파란색 부분을, 시험 때에는 빨간색 부분을 집중해서 보면 된다.

일 수 있다.

가끔 학생들의 필통을 구경해 보면 색깔은 물론 굵기별, 회사별로 각종 펜들이 가득했다. 그중 하루에 세 번 이상 잡는 펜은 얼마나 될까? '나한테 이런 펜도 있었어?' 하고 그제야 보게 되는 펜들이 많을 것이다. 하지만 실력 향상에 도움이 되지 않는 녀석들은 모두 다 비효율적인 '무게' 들일 뿐이다.

예쁜 필기에 소질이 없는 내가 보기에도, 효율적인 학습을 하려면 색 펜이 굵기와 상관없이 네 가지 정도 있어야 한다.

특히 남학생들의 경우 필기구의 필요성을 느끼지 못하는 친구들이

32 노트 한 권으로 대학 가기

허다하다. 뭔가 적을 것이 생기면 가방을 뒤적거려 꺼내면 되고, 그마저 귀찮으면 짝 필통을 자연스럽게 열면 되니 말이다.

이래저래 귀찮으면 펜 하나에 서너 가지 색이 한꺼번에 묶여 있는 볼펜을 하나 장만하자.

다시 한 번 강조하지만 노트 필기에 색이 필요한 이유는 효과적인 학습을 위해서이다. 그러니 예쁘게 꾸며진 노트를 보면서 열심히 공부한 듯한 착각에 빠지지 않도록 주의해야 한다.

예쁜 노트가 아닌 유용한 노트 만들기에 주력할 것이며
나의 성적을 올릴 수 있는 필기법이 무엇인지 신중히 고민하겠다.

사고를 담아 필기하라

중고등학교의 과목 수업 체계는 대입에 필요한 과목들을 학교 사정이나 과목 선생님의 시간표 등에 맞추어 3년으로 '나누어 놓은 것'이니 노트를 버리면 안 된다고 했다. 그러면 노트를 그냥 모아 두기만 하면 되는 걸까?

책장에 쓰던 노트들이 남아 있다면 한번 펼쳐 보자. 옛날 생각에 젖어 마음이 푸근해지는 낭만을 3~4분 즐기고 나면 적혀 있는 내용들로 관심이 옮겨갈 것이다.

'이런 걸 배웠었나?' 싶은 것들도 있고, 어렴풋이 생각은 나는데 정확하게는 모르는 내용들도 많을 것이다. 왜 그럴까? 나의 사고를 담은 필기를 하지 않았기 때문이다.

수업시간에 졸지도 않고 무언가를 열심히 적는 친구가 있다고 하자. 그 친구는 열공파 학생처럼 보일 것이다. 본인도 그런 '착각'에 빠지기 쉽다. 하지만 칠판의 내용을 그대로 옮겨 적고만 있다면 그것은 체력 소비일 뿐이다. 어떤 내용을 담고 있느냐에 따라 노트의 운명도 달라진다. 대입 시험장까지 동행할 '베스트 프렌드'가 될지, 몇 달 후면 '폐휴지'로 전락할지가 필기 순간에 판가름 나는 것이다. 자꾸 강조하더라도 지겨워하지 말기 바란다. 나의 생각이 담기지 않는 '수동적인 필기'는 '공부하는 행위'일 뿐 '공부'는 아니다.

책상 주변에 쌓여 있는 '의미 없는 노트들'은 당장 버려라. 그리고 내일 수업부터는 생각을 담은 필기를 하자.

한 권의 노트에 포스트잇이나 견출지로 구분을 하여 여러 개의 과목을 함께 필기해도 좋다. 한 권만 들고 다니면 되니 무척 편리하다. 링 바인더를 쓴다면 인덱스를 과목별로 구분해 두었다가 노트의 분량이 많아지면 빼내서 바인더에 보관하자. 이렇게 한 학기 정도를 하고 나면 필기 양이 많은 과목이 한두 개쯤 생겨날 것이다. 그러면 그 과목들만 따로 바인더를 만들어 주자. 학년이 바뀌어도 이 바인더들은 나의 지식이 체계적으로 쌓인 결과물들이기 때문에 버릴 수가 없다. 뒤에 남은 노트들은 다른 과목으로 활용하거나 다음 학년에도 계속 이어 쓰면 된다.

인터넷 강의나 학원 수업을 들을 때도 마찬가지다. 하루하루의 수업에서 배운 것들을 적고 나름의 정리를 한 노트들은 절대 '일회용'이어서는 안 된다. 일회용으로 듣고 지나가 버릴 수업이라면 처음부터 듣지 않는 것이 낫다. 그 수업들도 '화학 1 파이널 18강'과 같이 나름의 제목을 붙이면 된다. 이 노트들은 내 머릿속의 지식들을 연결하고 통합하여 헷갈리지 않는 완전한 지식으로 만들어 줄 것이다.

날짜, 강의명, 관련 교재를 적어라

수업종이 울리자 교실로 신나게 뛰어 들어오는 친구들. 다음 시간 수업이 뭔지도 모르고 수다를 떨다가 어떤 선생님이 들어오시는지 확인한 후 사물함으로 달려가 잽싸게 책과 노트를 가져온다. 진도가 어디인지 몰라 여기저기 뒤적이기만 한다.

2학년 마지막 모의고사가 얼마 남지 않았다. 이제 곧 고3인데 모의고사는 어떻게 대비해야 하지? 도무지 감이 잡히질 않는다. 1, 2학년의 거의 모든 과정이 시험범위이니 이걸 어쩐다? 그나마 2학기 과목이었던 사탐 선택만이라도 정리를 해보려고 책을 펼치긴 했는데, 책을 처음부터 읽을 수도 없고…. 마음이 갑갑하다. 책을 덮고 노트를 편다. 이건 또 너무 간략해서 무슨 말인지 알 수가 없잖아. 이 내용이 책의 어디에 나왔는지만 알아도 훑어보기 좋을 텐데….

이것이 대한민국 고등학생들의 현실이다. 이 난감함은 아주 간단한 필기 습관 하나로 해결할 수 있다. 수업이 시작되면 노트를 펼치고 아래 그림과 같이 가장 위에 날짜와 강의명, 관련 교재를 적도록 하자. 이 기록들이 내가 이 필기를 왜 했는지에 대한 증거 자료가 된다. 인터넷 강의나 학원 수업 등도 모두 수업 날짜와 강의명, 관련 교재를 적어야 한다. 이런 습관을 만들자.

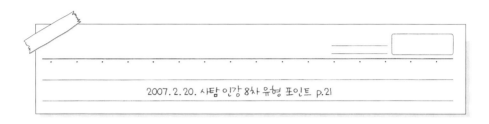

2007. 2. 20. 사탐 인강 8차 유형 포인트 p.21

날짜, 강의명 학교 수업이라면 '2007년 3월 5일 6교시 과학'이라고 적으면 된다. 내가 이 지식을 어디서 얻었는지를 알아야 복습에 효율을 높일 수 있다. 내신을 앞둔 상태라면 학교 수업만 복습하면 되고, 모의고사를 앞둔 상태라면 내가 들은 모든 수업을 총체적으로 훑어봐야 한다. 질문할 게 있는 경우에도 이 노트를 들고 어떤 선생님을 찾아가야 할지, 혹은 어떤 친구에게 물어보면 좋을지 답이 나온다. 작년에 필기한 내용이라면 작년에 그 과목을 담당한 선생님을 찾아가면 된다.

관련 교재 모든 수업에는 자료가 있기 마련이다. 수업 당시에 책상에 올려져 있는 프린트물이나 교과서, 책이 그 주인공이다. 복습을 수업 후 바로 하는 경우라면 관련 교재가 기억나겠지만, 석 달 후 모의고사를 볼 때나 1년 후 대입 총정리를 위해 복습하는 경우라면 수업 당시 보충 교재가 무엇이었는지 기억할 수 없다. 따라서 수업의 진도에 해당하는 교재 페이지도 함께 적어 두어야 한다.

단원을 확실하게 구분하라

한참 공부하다 보면 '내가 지금 뭘 공부하는 거지?' 라는 의문이 고개를 들 때가 있다. 지금 나의 위치가 어딘지 알지 못한 채 외우고 쓰기만 반복할 때 나타나는 현상인데 이는 매우 위험하다. 틀린 문제를 검토하다가 '어! 이거 내가 외운 건데!' 하는 안타까운 탄성을 질러 본 사람은 단원을 고려하지 않고 공부한 것이다. 외운 것을 모두 기억하고 있지만 그 내용이 어디에 해당하는지 모른다면 언제 그 내용을 답으로 내야 할지 판단할 수 없다.

옆의 문제를 보자. 이러한 문제는 이 그림이 어느 단원에 속해 있는지만 알아도 맞힐 수 있다.

이 그림이 책의 오른쪽 아래쯤 있었고 내가 주황색 형광펜으로 별표를 쳐 놓았던 기억도 생생한데 도대체 이 그림에서 무엇을 추론해 내라는 것인지 기억해 낼 수 없다면 나는 그저 책의 '모양' 만 열심

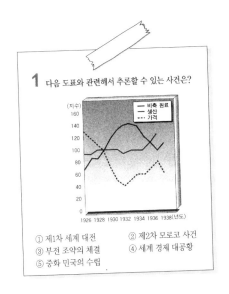

기술

Ⅰ. 전기 회로와 조명 (1) 전기 회로의 기초 ① 기본 전기 회로

∘ 전기 회로 ─ 전기가 흐르는 통로 ∘ 전원 ─ 건전지와 같이 전기를 공급하는 것.

∘ 부하 ─ 꼬마전구와 같이 전기 에너지를 소비하는 것

전기 생성과 이용 (발전소 → 송전탑 → 가정)

① 전류와 전압 전기가 높은곳에서 낮은곳으로 흐른다.

∘ 전위차 또는 전압 ─ 전기적인 높이의 차. 단위는 볼트 [V] 를 사용

∘ 전류 ─ 전위차에 의해 전원으로부터 부하에 공급하는 전기의 흐름. 단위는 암페어 [A]를 사용

② 직류 전기와 교류전기

∘ 직류 ─ 크기와 흐르는 방향이 항상 일정한것 (건전지, 축전지, 니켈·카드뮴 전지)

∘ 교류 ─ 크기와 흐르는 방향이 주기적으로 변하는 것으로 주로 가전제품의 전원으로 사용 (선풍기, 세탁기)

들여쓰기를 하지 않은 노트. 큰 단원과 작은 단원을 구분하지 않고 나열했다. 단원과 내용이 한 눈에 안 들어온다.

---

3) 치환: $AB + C \rightarrow AC + B$

　　(ex) 질산은 + 구리 → 질산구리 + 은

　　　　　　　　　　　　　　　　빨간색으로 쓴 대단원

5-3 화학 반응에서의 규칙성

1. 화학 반응 전과 후의 질량변화.
　　　　　　　　　　　　　　중단원과 세부 제목은
　1) 앙금생성 반응에서의 질량변화.　번호와 들여쓰기로 확실하게!

　　황산니트륨 + 염화나트륨 　→ 황산나트륨↓ + 염화나트륨

　　　의 질량　　　　　　=　　　의 질량

　2) 연소반응에서의 질량변화.
　　① 양초나 숯, 나무의 연소
　　　↳ 연소가 되면 기체가 생성 되므로,
　　　　열린공간 → 질량감소.

단원 구분이 잘 되어 있는 노트. 대단원, 중단원, 세부 제목의 구분이 명확해 내용을 한눈에 볼 수 있다.

히 공부한 셈이 된다.

필기를 할 때도 들여쓰기로 단원을 구분하는 것이 좋다. 왼쪽 페이지에 있는 두 개의 노트를 비교해 보자.

위의 노트는 들여쓰기를 하지 않아서 답답해 보일뿐 아니라 단원의 흐름을 파악하기도 어렵다.

큰 단원이 바뀔 때는 아래의 노트와 같이 줄을 띄어서 시각적으로도 구분할 수 있게 하자. 중단원, 소단원, 세부 개념은 그 기준을 정해 들여쓰기를 해줘야 한다.

줄을 맞춰 들여쓰기 하는 것에 감각이 무딘 학생들도 많을 것이다. 그렇다면 미리 연필로 단원 구분선을 그어 두는 것도 한 방법이다. 아직 일반화되지는 않았지만 아래와 같이 단원 구분선이 그어져 있는 노트도 있다.

추가 필기 및 메모를 위한 공간을 충분히 확보하라

반은 자고 반은 깨어 있는 수업 시간. 조용한 가운데 선생님은 판서를 하신다. 잠도 안 자고 열공 모드로 깨어 있는 친구들은 열심히 필기를 한다. 판서를 마치신 선생님은 몇 가지 색 분필로 설명을 시작하시고 우리의 열공생들, 개념 설명 하나 놓치지 않으려고 나름의 방법대로 추가 필기를 해 나가기 시작하는데….

대부분 필기한 단어 밑에 다른 색 펜으로 줄을 긋고 필기보다 조금 더 작은 글씨로 단어 설명을 깨알같이 적는다. 그런 고난이도(!)의 필기를 위해서 0.3mm를 넘지 않는 얇은 펜도 이미 준비했다. 좀더 수준 높은 꼼꼼쟁이들은 색의 조화까지 생각하며 밑줄 긋기용 필기구(선수들은 주로 색연필을 사용한다)와 필기용 펜을 자유자재로 구사한다.

여기까지는 늘 있는 일이니 그냥 넘어가도록 하자. 선생님이 갑자기 그림을 그리기 시작하면? 우리의 필기 달인들은 살짝 당황한 듯하였으나 곧 크기별로 정리된 포스트잇을 꺼내고, 포스트잇의 색에 가장 잘 어울릴 듯한 색 펜을 골라 열심히 따라 그린다. 잠시 그것을 어디다 붙일지 신중히 고민한 후, 펜 잉크가 번지지 않도록 조심조심 붙인다. 붙인 각도가 조금만 삐뚤어져도 마음과 호흡을 가다듬어 다시 한 번 도전한다. 아니 그런데 이게 웬일? 이렇게 심오한 필기를 하다 보니 선생님의 설명을 놓치고 말았네.

노트 필기를 하면서 가장 미련한 행동은 노트를 아끼는 것이다. 깨알

IV. 생명

1. 물질대사

[1] 생물에너지의 흐름

1) 물질대사 _고교다는것 에너지출입 = 대사

① 생물체 내에서 물질이 합성되거나 분해되는 반응

② 반드시 에너지대사가 수반된다

③ 동화작용과 이화작용으로 구분

　a. 동화작용 _에너지저장

　• 생물체 내에서 저분자 물질로부터 고분자 물질을 합성

　• 흡열반응

　• 예) 광합성 작용 [물 + 이산화탄소 ⭢ 탄수화물]

　b. 이화작용 _에너지방출

　• 생물체 내에서 고분자 물질을 저분자 물질로 분해

　• 발열반응 (빛에너지) 종이염색 : 저장물질이유지가거나가재될대) 열반응성 (주반응수)

　• 예) 호흡작용, 소화작용

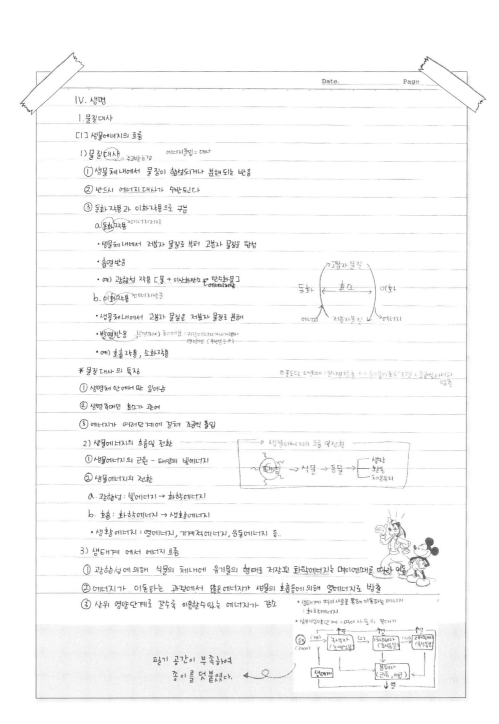

※ 물질대사의 특징 ⊙온도 높아질때 : 반사평균반응 ← 우리몸이 온도 너희? 조직적 …

① 생명체 안에서만 일어남

② 생명종인 효소가 관여

③ 에너지가 여러단계에 걸쳐 조금씩 출입

2) 생물에너지의 흐름및 전환 _⊙ 생물에너지의 흐름 및 전환

① 생물에너지의 근원 - 태양의 빛에너지

② 생물에너지의 전환

　a. 광합성 : 빛에너지 → 화학에너지

　b. 호흡 : 화학에너지 → 생물활에너지

　• 생물활 에너지 = 열에너지, 기계적에너지, 운동에너지 등.

3) 생태계 에서 에너지 흐름

① 광합성에 의하여 식물의 체내에 유기물의 형태로 저장된 화학에너지는 머이엔때를 따라 이동

② 에너지가 이동하는 과정에서 많은 에너지가 생물의 호흡등에 의해 열에너지로 방출

③ 상위 영양단계로 갈수록 이동할수있는 에너지가 감소 • 생태계 먹이사슬을 통해 이동하는 에너지 • 화학에너지 • 상위영양단계로 그에이 사슬 의 빛에너지

필기 공간이 부족하여
종이를 덧붙였다. ←

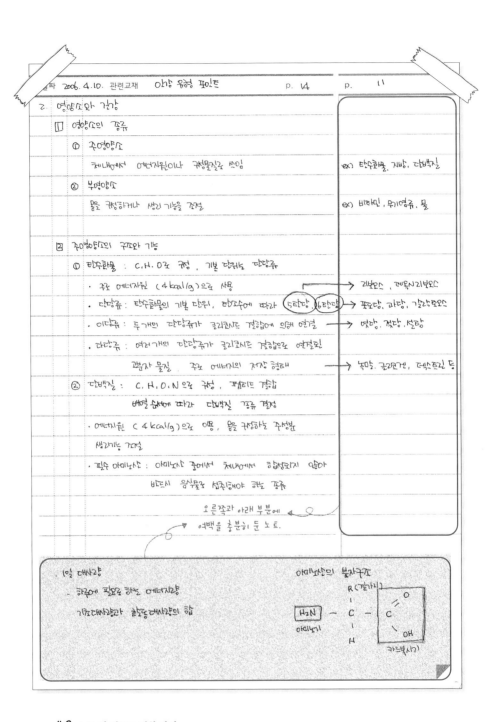

2. 영양소와 건강

① 영양소의 종류

  ① 주영양소

     체내에서 에너지원이나 구성물질로 쓰임   (예) 탄수화물, 지방, 단백질

  ② 부영양소

     몸을 구성하거나 생리 기능을 조절   (예) 비타민, 무기염류, 물

  ② 주영양소의 구조와 기능

  ① 탄수화물 : C, H, O로 구성, 기본 단위는 단당류

     • 주로 에너지원 (4 kcal/g)으로 사용   → 리보오스, 데옥시리보오스

     • 단당류 : 탄수화물의 기본 단위, 탄소수에 따라 (5탄당)(6탄당) → 포도당, 과당, 갈락토오스

     • 이당류 : 두 개의 단당류가 글리코시드 결합에 의해 연결 → 엿당, 젖당, 설탕

     • 다당류 : 여러 개의 단당류가 글리코시드 결합으로 연결된 → 녹말, 글리코겐, 셀룰로오스 등

         고분자 물질, 주로 에너지의 저장 형태

  ② 단백질 : C, H, O, N으로 구성, 펩티드 결합

       배열 순서에 따라 단백질 종류 결정

     • 에너지원 (4 kcal/g)으로 이용, 몸을 구성하는 주성분

       생리기능 조절

     • 필수 아미노산 : 아미노산 종류에서 체내에서 합성되지 않아

       반드시 음식물로 섭취해야 하는 종류

           오른쪽과 아래 부분에 ◁
           여백을 충분히 둔 노트.

1일 대사량

 - 하루에 필요로 하는 에너지량

   기초대사량과 활동대사량의 합

아미노산의 분자구조

$$H_2N - \underset{H}{\overset{R\,(곁가지)}{\underset{|}{\overset{|}{C}}}} - C \overset{O}{\underset{OH}{<}}$$

아미노기   카르복실기

같은 글씨로 추가 필기를 하거나 포스트잇에다 그림을 그리는 것도 필기에 여유를 두지 않아서이다. 한 장 한 장 쓰는 것이 뭐가 그리 아쉬운지 따닥따닥 붙여 쓰는 것은 물론, 아래로 한 줄 띄거나 다섯 줄 이상의 여백을 두는 것을 매우 어색해한다.

그러나 이 '여백'이야말로 필기의 내용을 내 것으로 만드는 데 꼭 필요한 공간들이다. 오른쪽 가장자리와 지면의 아래 부분은 여백으로 남겨 두자. 오른쪽은 3~4cm 정도의 폭으로 줄을 그어서 개념 정리나 추가 설명 등으로 활용하자. 밑줄 긋고 깨알필기를 하는 대신 옆으로 빼서 쓰는 것이다. 아래 부분은 7~8cm 정도 남겨 자유롭게 활용하면 된다. 문학작품의 인물 상관도나 화학반응의 순서 등을 그려 볼 수도 있다. 문제집을 풀거나 모의고사 오답 정리를 하던 중 해당 단원의 필기에 보충해야 할 내용이 생긴다면 추가로 적을 수도 있다.

학습의 내용에 대한 추가 필기는 일주일 후, 석 달 후, 1년 후에도 할 수 있다. 나의 지식을 완성해 나가기 위해서는 지면을 활용해야 한다.

Tip
예습-수업-복습 효과를 높이는 색펜 활용법

　노트 정리는 단지 수업 시간에 필기하고 시험공부 때 쭉 훑어보는 단순한 것이 아니라 예습 – 수업 – 복습으로 이어지는 종합적 공부 시스템이다. 예습을 하면 학습할 내용을 자신만의 힘으로 어느 정도까지 이해할 수 있는지를 가늠할 수 있으며, 수업시간에 잘 모르는 부분에 대해서 배울 때 더욱 집중하게 된다. 예습 시간, 수업시간, 복습 시간에 색을 달리하여 노트를 정리한다면 그것만으로도 3번을 공부한 셈이기 때문에 학습 효과가 뛰어나다.

★ 예습은 연필로!

　다음 수업 시간에 배울 내용을 교과서를 읽으며 간단히 정리한다. 이때 자신이 생각하기에 중요하다고 판단되는 부분, 이해가 잘 안 가는 부분을 표시해 둔다. 또한 의문점 등을 적어 놓고 수업 시간에 해결하도록 한다. 자신이 중요하다고 생각한 부분과 선생님이 중요하다고 생각하는 부분이 같을 수도 있고, 전혀 다를 수도 있다. 이것을 알아가는 재미도 쏠쏠하다. 의문점은 수업시간을 통해 최대한 해결하도록 하고, 만약 수업시간에 해결하지 못했다면 쉬는 시간에 선생님께 질문해서라도 해결하도록 한다.

★ 수업은 검정 볼펜으로! 중요 부분 표시는 다른 색 펜으로!

판서 내용은 검정색으로 쓰되 선생님이 반복해서 언급하시거나 중요하다고 말씀하시는 것은 빨간색 펜 혹은 형광펜으로 표시하도록 한다. 필기 후 선생님이 따로 보충 설명하시는 부분은 파란색 펜 등으로 색을 구분해 필기를 한다면 노트만 봐도 그날 수업의 강약을 파악할 수 있다. 이렇게 하면 복습을 할 때나 시험공부를 할 때 중요 부분을 쉽게 파악할 수 있어 시간을 절약할 수 있다.

★ 복습할 땐 색 펜으로 자습서 내용을 보충하자!

복습은 반드시 그날 그날 하도록 한다. 예습하면서 잘 이해하지 못한 부분을 이해했는지, 예습할 때 가졌던 의문점을 해결했는지를 살핀다. 또 선생님이 중요하다고 한 부분을 집중해서 공부하고, 그 밖에 보충할 것이 있다면 자습서를 이용해 다른 색 펜으로 보충해 둔다.

복습할 때 다른 노트에 다시 정리한다면 핵심 내용을 자신만의 언어로 표현하는 게 좋다. 노트 정리를 따로 안 한다면 반복해서 읽되 색깔 펜으로 밑줄을 그으며 읽는 방법은 절대 피해야 한다. 중요 부분과 중요하지 않은 부분의 경계가 모호해지고, 노트가 복잡해져 다시 보기 싫을 수도 있다.

또 복습을 하면서 이해가 안 되는 부분들은 포스트잇 등에 적어 두었다가 다음 수업시간이나 쉬는 시간에 선생님께 물어서 반드시 이해하고 넘어가도록 하자. 지금 배운 지식이 뒤에 배우는 내용의 주춧돌이 되기 때문이다.

CHAPTER. 2

오답 노트는
가장 정확한 선생님이다

내가 무엇 때문에 헷갈렸고 무엇 때문에 답을 찾을 수 없었는지에 대한 잔상이
남아 있을 때 오답 노트를 만들어야 나의 약점을 정확하게 정리할 수 있다.

학교 수업, 학원 강의, 인터넷 강의, 참고서, 이러저러한 학습법 책들…. 공부 잘하는 방법을 알려주는 곳은 많지만 나에게 딱 맞는 걸 찾지는 못했을 거야.

내가 못하는 부분만 강의를 듣고 싶고, 내가 모르는 것만 콕! 찝어서 공부하면 좋을 텐데 말이지. 그래서 비싼 돈 들여 과외도 해보지만 영~ feel이 안 온단 말이야.

모르는 문제를 물어보면 선생님이 상세하게 설명을 해주시기는 하는데, 정작 내가 모르는 내용은 설명이 없어서 뒤끝이 찝찝했던 적 있지? 차마 물어보기도 민망할 만큼 쉬운 것들을 몰라서 그냥 넘어간 경우도 많을 거야.

내 속에 들어갔다 나온 것처럼 내 맘을 잘 알고 있는 선생님, 어디 없을까?

그게 바로 오답 노트야. 오답 노트가 얼마나 큰 도움을 주는지 알게 된다면 지금처럼 대충 넘어갈 수는 없을걸?!

나도 알아. 귀찮기도 하고, 틀린 그 많은 문제를 언제 다 정리하라는 건지 짜증도 날 거야. 자, 그런 답답함을 하나하나 풀어 줄 테니 믿고 따라와 봐.

✔ 오답 노트에 어떤 문제를 실어야 하는지
✔ 오답 노트를 어떻게 활용해야 하는지
✔ 오답 노트는 언제 만드는 것이 좋은지

확실하게 알려 줄게.

Ⅰ. 오답 노트의 현실

오답 노트의 중요성이 날로 커지고 있다. 틀린 문제 속에서 나의 약점을 찾을 수 있기 때문이다. 그야말로 나에게 필요한 것만 쏙 뽑아 알려 주는 가장 정확한 선생님인 것이다. 하지만 말이 쉽지, 틀린 문제 속에서 나의 약점을 찾아내고 취약점을 보완해 나가는 것은 매우 정교하고 신중한 작업이 필요하다.

지금부터 공부 고수가 들려주는 노하우를 배워 보자.

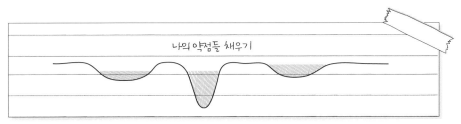

약점은 매우 심각한 것도 있고 조금만 연습하면 되는 것도 있다. 약점을 메우는 과정에 꼭 필요한 것이 오답 노트이다.

귀찮아서 못 하겠어요

이제 고3이 되는 K는 체대 입시를 준비하면서도 공부에 소홀하지 않은 꽃미남이다. 깔끔한 성격 때문인지 책과 연습장, 노트의 정리 상태가 매우 좋았다. 나는 기대감을 가지고 물었다.

"오답 노트는 없니?"

"학교 선생님이 하라고는 하는데요, 귀찮아서 못 하겠어요. 저는 체대 갈 거니까 봐 주시는 거 같아요."

"그럼 오답 노트를 만들어 본 적이 한 번도 없어?"

"중학교 때인가 숙제로 한두 번 했던 거 같기도 하고…."

'귀찮아서 못 하겠어요'라는 말은 정말 충격이었다. 그건 귀찮아서 성적을 못 올리겠다는 말과 같기 때문이다.

많은 학생들이 귀찮다는 이유로 오답 정리를 하지 않는다. 시험지를 오리고 풀로 붙이고 풀이를 모두 적어야 하는 것이 귀찮다는 것이다. 오답 노트가 왜 필요한지 모른 채 '오답 노트를 만드는 행위'만을 했을 때 나타나는 증상(?)이다. 오답 노트를 잘 활용하여 그 과목의 성적이 올랐다면 감히 '귀찮다'는 이유를 댈 수는 없을 것이다.

문제를 풀고 시험을 보는 이유는 내가 모르는 것이 무엇인지 발견해 내기 위해서이다. 따라서 맞은 문제는 내가 이미 알고 있는 것을 확인한 것에 불과하므로 실력 향상에 큰 역할을 하지 못한다. 내 성적을 올려 줄

'진짜'는 틀린 문제에 다 담겨 있는 것이다. 틀린 문제 속에 담긴 약점들을 찾아내서 보완해 나간다면 성적이 오르지 않고는 못 배길 것이다.

제출용 오답 노트는 아무 도움이 안 된다

착실하고 단정한 여고 2년생 J. 엊그제 본 모의고사에서 점수가 많이 올랐다며 자랑하는 메시지를 보내왔다.

잘 했다고 칭찬해 준 것도 잠시,

"기분 좋다고 그냥 넘어가지 말고 오답 노트 정리해!"

제대로 찬물을 끼얹고 말았다. 이놈의 직업병은 어쩔 수 없나 보다.

"어차피 학교 숙제여서 해야 돼요."

J의 대답에 난 꿀꿀해졌다. 내가 가장 우려하는 수행평가 중 하나가 '모의고사 틀린 문제 정리해 오기'다. 틀린 문제를 다시 보는 것은 좋으나 숙제를 위한 오답 노트 정리라면 틀린 문제를 하나도 빠뜨리지 않고 문제와 풀이를 모두 적어야 하기 때문이다. 틀린 문제가 많은 경우 몇 문제를 빼먹고 제출한 경험이 누구에게나 있을 것이다. 나 역시 고등학교 시절, 시간이 많이 걸리는 문제나 풀이 과정 중 그림을 그려야 하는 문제는 건너뛰었다.

이렇게 형식적으로 제출하는 오답 노트는 실력 향상에 도움이 안 된다. 무엇보다 '내가 틀린 모든 문제'를 정리한다는 것은 매우 비효율적이다. 나의 취약점이 무엇이고 어디에 초점을 두어 복습해야 하는지를 판별하는 과정이 배제되어 있기 때문이다. 따라서 오답 정리 숙제를 했다고 해서 내가 할 바를 다 했다는 착각에 빠지지 않도록 주의해야 한다.

선생님들도 검사를 위한 오답 정리를 원하시는 것은 아닐 것이다. 그렇다고 '스스로 복습의 필요가 있다고 생각하는 문제만 정리해 오라' 고 숙제를 내준다면 아무도 제출하지 않을 것이 뻔하기 때문에 공정한 평가를 위해 어쩔 수 없이 과제를 내주시는 것이다. 오답 노트를 숙제로 해야 할 때에는 어떤 문제가 나에게 필요한 문제인지 신중하게 선별한 후 그 문제만큼은 진지하게 복습하자. 그리고 과제 검사가 끝난 후 반드시 따로 철해 두도록 하자.

오답 노트를 '제출'하는 데 의미를 두지 말고
틀린 문제에 담겨 있는 '나의 취약점 발견'에 의미를 두자.

틀린 문제를 오려 붙이는 것이 오답 노트는 아니다

필기 노트가 '노트 검사' 때문에 원래 취지를 잃어버린 것과 같이 오답 노트도 '숙제 검사'로 전락해 그 취지를 잃어가고 있다. 오답 노트를 어떻게 만들고 있는지 학생들에게 물어 보면 대답은 한결같다.

"틀린 문제를 오려서 붙이구요, 밑에 풀이를 써요."

심지어 '풀이'마저도 오려 붙이는 경우가 많다. 그런 경우 오답 노트는 나의 취약점을 파악하는 수단이기는커녕 틀린 문제를 모조리 모아

31. (A), (B), (C) 각 네모 안에서 문맥에 맞는 낱말을 골라 짝
지은 것으로 가장 적절한 것은?

The shapes of Korean kites are based on scientific
(A) [particles/principles], which enable them to make good
use of the wind. One particular Korean kite is the
rectangular "shield kite," which has a unique hole at its
center. This hole helps the kite fly fast regardless of the
wind speed by (B) [concentrating/contaminating] the wind
on days when the wind is light, and letting it pass
through when the wind is blowing hard. The center hole
also allows the kite to respond quickly to the flyer's
(C) [commands/comments]. For these reasons, Korean kites
such as the shield kite are good at "kite fighting."

	(A)	(B)	(C)
①	particles	concentrating	commands
②	particles	contaminating	comments
③	particles	concentrating	comments
④	principles	contaminating	comments
⑤	principles	concentrating	commands

전문 해석
한국연의 형태는 그것들이 바람을 잘 이용할 수 있게 하는 과학적 원리
에 기초한다. 한 특이한 한국연은 사각의 '방패연'인데 그것은 중앙에
독특한 구멍을 가지고 있다. 이 구멍은 낮에 바람이 약할 때도 바람을
집중시킴으로써 바람의 속도와 상관없이 빠르게 날 수 있게 도와 주
고, 바람이 세게 불 때는 그것을 통과하게 한다. 그 중앙의 구멍은 또한
연을 날리는 사람의 명령에 빠르게 반응하도록 한다. 이런 이유 때문
에 방패연과 같은 한국의 연들은 '연싸움'을 잘 한다.

principle : 원리
Concentrate : 집중시키다
Command : 명령

문제와 해설을 모두 오려 붙인 오답 노트. 이것은 초등학교 미술 숙제에 가깝다.

둔 노트에 지나지 않는다. 정말 그 '자료'가 필요한 것이라면 틀린 문제를 자동으로 간추려 주는 인터넷 서비스를 이용해도 충분하다.

오답 노트가 귀찮은 이유는 시험지를 오리고 붙이는 행위에만 집중했기 때문이다. 오답 노트를 만드는 이유는 내가 모르는 부분을 찾아내기 위해서이다. 따라서 같은 문제를 틀렸더라도 풀이의 내용은 모두 달라져야 한다. '그 문제를 틀린 이유'가 바로 내가 공부해야 할 부분이기 때문이다. 해설을 오려 붙이는 행위는 나의 질병과는 무관한 종합 비타민제를 먹는 것과 같다. 이렇게 나의 약점과는 무관한 오답 노트를 만들었으니 다시 보기는커녕 노트를 어디다 두었는지도 가물가물할 수밖에.

틀린 문제를 오려 붙이고 풀이를 쓰는 방법은 오답 노트를 정리하는 가장 일반적인 방법일 뿐이다. 다시 말하면, 그렇게 하지 않는다고 해서 오를 성적이 떨어지는 것도 아니다. 오답 노트의 취지만 잘 살릴 수 있다면 어떤 방법이든 상관없다. 특히 오리고 붙이는 과정이 싫은 학생들은 문제집이나 시험지의 틀린 문제를 직접 보면서 복습할 수도 있다. 오답 노트의 핵심은 '반복 학습으로 나의 취약점을 개선한다'는 것이지 '틀린 문제만 따로 정리한다'가 절대 아님을 명심하자.

2. 나의 오답 노트에
아무 문제나 올리지 마라

자신 있게 풀었는데 틀린 문제를 골라라

오답 노트는 세 번 이상 복습을 해야 한다. 그러려면 세 번 복습할 만한 가치가 있는 문제들을 골라야 한다. 틀린 문제들 중에는 나에게 아무런 도움이 되지 않는 문제들도 많다.

그렇다면 나의 실력을 올려 줄 문제인지 아닌지를 어떻게 고를 수 있을까? 가장 주의해서 보아야 할 문제는 '어? 이게 왜 틀렸지?' 라고 생각이 드는 문제이다. 문제를 풀 때에는 자신 있게 풀었는데 답을 맞춰 보니 틀린 경우이다. 이런 문제들은 내가 완전히 잘못 이해하고 있거나 생각지도 못한 원리가 숨어 있는 경우이기 때문에 반드시 오답 노트에 담아야 한다. 시험을 볼 때 오락가락 했던 문제들도 오답 정리의 후보가 된다.

하지만 전~혀 감을 잡지 못한 문제들은 과감하게 버려라! 그런 문제들은 대개 다시 풀어 봐도 안 풀리고, 해설을 봐도 모른다. 그런 문제들은 정리를 한다고 해도 풀이를 '옮겨 적는' 수준에 불과하기 때문에 다음에 복습을 할 때도 풀이를 다시 읽는 정도에서 끝나게 된다. 그 문제에 담긴 이론이나 공식, 원리를 찾아낼 수 없다면 무의미하다.

성적이 좋지 않은 학생들이라면 이런 문제들이 많을 것이다. 하지만 전교에서 다섯 손가락 안에 드는 학생들에게도 이런 '꼴통 문제'는 있다. 막막하기만 한 문제들은 스트레스의 주범이다. 잡을 수 없는 문제라면, 즉 나의 능력을 넘는 문제들이라면 잠시 묻어 두자. 대입 시험을 위한 기본 이론들은 어떠한 형태로든 각종 시험에 반복해서 출제되기 때문에 다시 만날 기회는 얼마든지 있다. 모르는 것을 그냥 넘어간다는 '죄책감'에 빠지지 않아도 좋다. 전력으로 달리는 연습도 하지 않고 허들 넘기부터 배울 수는 없지 않은가.

맞혔다고 생각했는데 틀렸거나 오락가락 했던 문제들은 오답 노트에 꼭 담겠다. 너무 쉬운 문제, 너무 어려운 문제들은 미련 없이 떠나 보내자!

문제집보다는 시험지, 내신보다는 모의고사의 문제를 골라라
오답 노트는 대입을 치를 때까지 두고두고 복습하며 보관할 것이므로 좋은 문제를 넣어 두어야 한다. 따라서 많은 선생님들이 연구하여 만든 문제 중 최신의 것으로 공부하는 것이 가장 좋다. 그런 문제는 손쉽게 구할 수 있다. 이미 여러분의 책꽂이와 책상 서랍에 그득먹하게 있다. 책상 위의 문제집이 최근 3년 내의 것이라면 그것으로 충분하다.

또한 중고등학교를 거치면서 풀었던 모의고사 문제는 내가 학습했던 당시의 문제들이므로 연수에 상관없이 중요하다. 수능이나 모의고사를 출제하시는 교수님들은 '요즘 중학생들은 어떤 문제를 풀지?'가 아닌 '이 학생들이 중학교 때 어떤 문제를 풀었지?'에 관심을 둘 것이기 때문이다. 또한 수능 기출문제는 문제의 유형을 불문하고 그 내용을 알아두어야 하기 때문에 5년이 지난 기출문제라도 꼼꼼히 살펴야 한다.

에효~ 공부할 자료가 또 너무 많아서 문제다. 그중에 우선순위를 두자면 문제집보다는 정규 시험의 문제를 권한다. 문제집은 '처음 배우는 것을 알아가기 위해서' 푸는 경우가 대부분이기 때문에 내가 어느 부분에 취약한지를 판단하기에 적절하지 않다. 특히 학원 강의나 과외 수업에서는 그 단원을 다 공부하지 않은 상태에서 선생님과 함께 문제를 풀게 되는 경우도 있으므로, 맞은 문제라도 안다고 하기 어렵고 틀린 문제라도 모르는 내용이라고 하기 어렵다. 문제집을 풀 때에는 아무래도 시험을 볼 때보다 집중을 하지 않게 된다는 것도 시험지를 권하는 이유 중하나이다.

이제 한시름 덜었다. 문제집의 틀린 문제는 오답 정리의 후보에서 제외시키자. (그러나 고3은 예외다. 고등학교 교과 과정을 모두 마친 상태에서 푼 문제집 문제는 모두 오답 정리의 후보다.)

　이제 시험으로 눈을 돌려 보자. 고등학생들이 보는 시험은 크게 중간고사(기말고사)와 모의고사가 있다. 그중에서 모의고사 시험지에 더 관심을 가져야 한다. 우리의 최종 목표는 대학 진학이므로 경쟁 상대는 전국의 수험생이다. 그러나 내신은 '학교생활을 얼마나 충실히 했는가'를 평가하기 위한 시험이어서 성격이 다르다. 우리 학교 학생들만 푸는 문제이기 때문에 선생님이 힌트를 주시기도 하고 난이도도 전국의 수험생의 수준과 맞지 않을 수 있다. 또한 선생님의 주관적 취향이 문제에 반영되기도 하여 객관적으로 나의 실력을 테스트 하는 시험이라고 보기 어렵다. 반면 모의고사는 전국에 있는 나와 같은 학년인 모든 학생을 대상으로 출제된 문제이기 때문에 신뢰할 만하다. 학업 성취도든, 교육청 모의고사든 학교에서 보는 모의고사는 빠뜨리지 말고 오답 정리를 하자. 그러려면 우선 최선을 다해서 시험을 봐야 한다.

　시간이 모자라 다 풀지 못한 문제나 시험시간 중 졸음이 쏟아져 제정신으로 풀 수 없었던 문제들은 모두 오답 정리의 후보에서 제외된다. 나의 모든 지식을 동원해서 생각해 본 문제가 아니라면 내가 무엇을 몰라서 틀렸는지 알 수 없기 때문이다. 그냥 버리자니 불안한 마음이 든다면 집에 돌아와 다시 한 번 풀어 보고 오답 노트에 올릴 만한 문제인지 판단해야 한다.

　모의고사 문제가 아무리 좋다고 하지만 수능 기출문제를 따라갈 수는 없다. 모의고사는 수능의 형태로 출제가 되고 모의고사를 보는 이유도 수능을 잘 보기 위한 '연습'에 지나지 않기 때문이다. 궁극적으로 우리가 대박을 터뜨려야 할 시험은 수학 능력 시험이기 때문에 과년도 기출문제는 풀고 또 풀어야 할 대표선수들이다.

수능 문제를 풀어 볼 가장 좋은 기회는 고2 겨울방학이다. 방학 동안 자신의 약점과 강점을 확실히 파악해 두어야 마지막 3학년을 어떻게 공부해야 할지 명쾌한 계획을 세울 수 있다. 고2 겨울방학을 놓친 고3이라면 여름방학이나 주말을 이용해서라도 반드시 기출문제의 산을 넘기 바란다. 수능이 어떤 녀석인지도 모르고 수능과 싸우겠다는 것은 너무 위험하지 않은가.

고등학생의 경우 학교에서 보는 모의고사와 수능 기출문제만 오답 정리를 해도 충분하다.

"에게~ 그거 가지고 돼요?"

왠지 불안해하며 묻는 학생들도 있는데 이것도 제대로 하려면 만만 치 않다. 나의 약점을 찾아내고 해결하는 데는 이 문제들만으로도 충분하다. 또 복습은 여러 번 해야 하므로 효율적인 복습을 위해서도 분량이 많은 것은 바람직하지 않다.

3. 반복 학습의 작전을 세워라

시험에서 틀린 문제를 복습하라

2학년 올라와서 첫 모의고사를 보는 날. 1학년 때는 제정신(?)으로 모의고사를 봤던 적이 거의 없었지. 하지만 2학년이 됐으니 새롭게 시작해 보자. 학원에 가면 친구들과 놀게 되니까 겨울방학에는 학원을 끊고 과외를 했는데…. 과외비는 또 왜 그렇게 비싼 거야. 부모님께 죄송한 마음이 든다. 앞에서 시험지가 넘어온다. 자세를 바로잡고 시험지를 받아들었다.

듣기평가부터 시작된 언어영역은 시간이 부족한 것이 문제다. 10분밖에 안 남았는데 아직 두 장이나 남았네. 예전처럼 그냥 찍을 수도 없고…. 할 수 없지, 남은 문제를 초고속으로 풀었다. 믿어지지 않을 집중력을 발휘하면서 대충이나마 모든 문제를 풀었다. '오, 나에게 이런 능력이 있었다니!'

수리영역은 놀랍게도 풀 수 있는 문제가 많았다. 방학 동안 과외를 열심히 한 덕분인 것 같다. 응용문제 중 몇 개는 여전히 사람을 미치게 했지만 그래도 시험시간이 끝나는 순간까지 무언가를 풀었다는 것은 대단한 발전이다. 작년에는 건드리지도 못하는 문제들 때문에 늘 시간이 남아돌았잖은가.

3교시 외국어 영역. 점심을 먹고 나서인지 제정신으로 듣기평가를 해본 적이 없다. 17문제를 푸는 20분이 그렇게 길 수가…. 얼마나 집중을 했는지 온몸의 힘이 다 빠진 것 같다. 눈을 껌뻑거리며 독해 문제를 푼다. 문법 문제는 여전히 정신이 없다. 나머지 지문들은 최대한 빨리 읽으면서 답을 찾아내기로 했다. 외국어 영역도 늘 시간이 모자란다. 집중! 집중! 속으로 외치면서 다음 문제로 넘어간다. 5분이 남았다. 남은 문제는 9문제. 손에 땀이 난다. 한 문제도 그냥 지나칠 수 없다는 오기가 생겼다. 정답을 맞히든 못 맞히든 일단 풀자. 1분은 결코 짧지 않다. 드디어 풀이 완료. 마킹! 마킹! 답안지에 검정 동그라미를 찍어내려 가는데 종이 울린다. 다급한 나머지 손이 떨리기까지 한다. 답안지를 걷는 친구가 나를 건너뛰고 앞으로 간다. 마킹! 마킹! 친구가 다시 나에게로 다가온다. 마킹을 겨우 끝냈다. 휴~.

긴박하게 외국어 시험을 보고 나니 파김치가 따로 없다. 답 맞출 힘도 없어 책상 위에 엎드렸다. 4교시는 사탐. 아직도 머리가 멍하다. 볼을 책상에 붙이고 눈을 반쯤 감은 채 문제를 풀어 나갔다. 사탐은 그래도 시간이 부족하지 않아 조금 안심이 된다. 모르는 문제가 나왔다. 나도 모르게 허리가 세워지고 문제를 다시 한 번 읽어 봤다. 본 거 같은데… 알 거 같은데… 뭐였더라… 떠오르지가 않는다. 별표를 치고 넘어갔다. 마지막 문제까지 풀고 나니 별표 7개. 아주 모르는 것들은 별표칠 기분도 안 나서 그냥 찍었다. 별표들만 다시 봤는데 여전히 생각이 나지 않는다. 일곱 문제 모두 4번으로 찍어 버렸다.

이 얘기가 남 일 같지 않을 것이다. 시험 볼 때의 긴장감과 안타까움은 이루 말할 수 없다. 특히 최선을 다해 본 시험일수록 그 강도가 더하다. 이렇게 짜내고 짜내 시험을 치를 때의 집중력은 집이나 학원에서 공부할 때의 집중력과 비교가 되지 않는다. 어떻게든 문제를 맞히려고 생각을 쥐어짜기 때문이다. 그러다가 어디선가 들은 내용이 갑자기 생각나 문제를 풀었던 경험이 있을 것이다. 이것이 바로 머릿속에 잠재되어 있는 숨은 실력이다. 시험을 볼 때에는 이렇게 숨은 지식까지 모두 총동원되기 마련이다. 그런 시험에서 틀린 문제라면? '오죽하면 틀렸을까?'라는 마음으로 그 문제를 복습해야 한다. 시험 볼 때에 생각이 나지 않거나 헷갈려 실수를 하는 문제들은 내가 어느 부분에서 공부가 덜 되어 있는지를 알게 해주는 문제들이기 때문이다.

문제 풀 당시의 잔상을 잡아라

시험 중 잘 모르는 문제가 나오면 참으로 많은 생각이 떠오른다. 초등학교 때 학원에서 들었던 이야기나 시험 직전에 친구들과 초치기로 공부한 내용들이 생각나기도 한다. 그런 걸 보면, 나의 의도와 무관하게 저장되어 있는 지식들도 은근히 많은 것 같다. 아무튼 그런 상황에서 답이 3번인지 4번인지 끝까지 헷갈리는 문제들은 정말이지 사람의 피를 말린다. 시험이 끝나자마자 답답함을 참지 못하고 책을 찾아 확인해 본 경험이 누구에게나 있을 것이다. 맞았을 때의 쾌감, 틀렸을 때의 아쉬움. 여기에서부터 오답 노트는 시작된다. 내가 무엇 때문에 헷갈렸고 무엇 때문에 답을 찾을 수 없었는지에 대한 잔상이 남아 있을 때 오답 노트를 만들어야 나의 약점을 정확하게 정리할 수 있다.

오답을 정리할 때 문제 풀이를 쓰고 내가 잘 몰랐던 부분을 구체적으로 적는 것은 이미 널리 알려진 방법이다. 한 걸음 더 나아가 그 문제를 틀린 이유를 느낀 그대로 적어 보자. 어떤 내용이랑 혼동이 되었다든지, 1번 보기랑 이러이러해서 헷갈렸다든지…. 이렇게 적어 두어야 나의 취약점을 구체적으로 파악할 수 있다. 풀이 과정에 빨간색 밑줄을 그어 놓는 것만으로는 문제의 핵심 내용을 떠올리는 과정에서 어떤 실수를 하게 되는지까지는 완벽하게 잡아내지 못한다. 아주 몰라서 틀리는 문제보다 헷갈려서 틀리는 문제가 훨씬 많기 때문에 오답 정리를 할 때에는 자신이 자주 실수를 하는 요소까지 잡아내야 한다.

1.1.1 복습 원칙을 활용하라

오답 노트는 어떻게 활용해야 할까?

TV에서 접시 돌리는 묘기를 본 적이 있을 것이다. 접시를 돌리는 사람은 머릿속으로 어느 접시를 언제 돌려야 할지 정확하게 계산하고 있다. 그래서 떨어지려고 하는 접시나 새로 올린 접시에는 좀더 자주 손을 댄다.

공부를 할 때도 그렇게 해야 한다. 우리 머릿속에 있는 엄청난 양의 지식이 모두 생생히 살아 움직이도록 유지해야 하기 때문이다. 따라서 힘이 없는 지식들은 살을 붙이고 운동을 시켜 주어야 한다. 관련 지식을 공부하고 반복 학습을 하는 것이 그 방법이다! 틀린 문제는 떨어지기 직전의 접시라 여기고 잘 돌아가는 지식들보다 더 자주 손을 대주어야 한다. '아무리 생각해도 모르는 문제'는 오답 노트에서 제외하라고 한 걸 기억하는가? 그런 문제는 '이미 떨어진 접시'와 같기 때문이다.

오답 정리를 하였다면 적어도 세 번은 그 내용을 복습해야 한다. 나는 그 방법을 '1.1.1. 복습 원칙'이라고 부른다. 오답 정리를 한 후 하루 뒤, 일주일 뒤, 한 달 뒤에 복습을 하라는 뜻에서 모의고사를 본 다음날까지 틀린 문제를 모두 정리하였다면 그 다음날 한 번 복습하고, 일주일 후에 다시 한 번 복습한다. 또 한 달 뒤에 한 번 더 복습한다.

틀린 문제를 정리하면서 내가 잘못 알고 있었던 지식이나 헷갈렸던 지식을 바로잡고 그 다음날 다시 복습하는 것은, 떨어지려는 접시에 힘을 가하는 것이므로 찬찬히 보도록 하자. 일주일 후에는 슬쩍 보기만 해도 생각이 날 것이다. 완전히 이해한 내용이기 때문이다. 내 것이 된 지식은 한 달 후가 되어도 기억이 금방 되살아난다.

모의고사에서 틀린 문제를 정리한 오답 노트

　　복습 날짜는 최초 복습일을 기준으로 한다. 세 번씩이나 복습해야 하는 날짜를 까먹지 않으려면 노트에 날짜를 적어 두자. 오답 노트를 만든 날을 기준으로 다음날과 일주일 후의 날짜, 한 달 후의 날짜를 노트에 적는 것이다. 그리고 그 날짜를 다이어리나 달력에 표시해 두자. 핸드폰의 알람을 이용하는 것도 좋은 방법이다. 분량이 지나치게 많으면 복습할 때 집중력이 떨어지므로 오답을 많이 정리하는 것이 좋다는 생각은 버리자.

7 오답 노트 만들기	8 하루 복습	9
14 일주일 복습 (한달 후 복습 : 2/14)	15	16

1월 7일에 오답 노트를 만들고 다음날, 일주일 후, 한 달 후 복습할 날짜를 달력에 미리 표시해 두었다. 복습을 한 후 체크를 하면 OK.

오답 노트는 역전을 안겨 줄 최고의 교재다

이제 고2가 되는 K. 고등학교에 입학한다고 호들갑을 떨었던 기억이 생생한데 벌써 기말고사가 끝났다. '이렇게 1년이 지나가 버리다니….' 시간이 빠르다는 건 알았지만 이렇게 덜컥 2학년이 될 줄이야. 방학 동안 뭘 해야 하지? 좀처럼 오르지 않는 수학이 제일 걱정이다. 이과를 선택하고 싶은데 수학 점수가 마음만큼 나오질 않으니…. 방학 동안 수학 실력을 끌어올려야 할 텐데 어떻게 해야 할지 모르겠다. 공부 잘하는 친구들은 벌써 고2 수학책을 들고 다닌다. 아, 재수없어.

여름방학은 학기를 나누고 겨울방학은 학년을 나눈다. 길고 긴 방학 동안에 무엇을 공부해야 할지 모르는 학생은 아무도 없을 것이다. 실력을 업그레이드하기 위해 취약 부분을 보완하는 기간이 방학이다. 문제는, 알면서도 어떻게 실천해야 할지 모른다는 사실! 그래서 우리 친구들은 'XX 총정리 방학 특강'에 눈을 돌리는가 하면 선행학습을 한답시고 학원 강의와 과외를 시작한다. 그러나 어딜 가도 자기만의 취약점을 꼬집어 가르쳐 주는 곳은 없다.

"그럼 어쩌란 말이냐!" 소리치고 싶은 여러분에게 세상에서 제일 좋은 방학 교재를 소개한다. 그것은 바로 그동안의 약점을 고스란히 담아 둔 오답 노트이다. 한 학기 동안에는 두세 번 정도 모의고사를 보게 되는데, 앞에서 말한 대로 1.1.1 복습을 했어도 방학 때에는 한 학기, 한 학년 분량의 내용을 훑어볼 필요가 있다.

앞의 사례에서 나온 K의 경우라면 1학년 동안 본 모의고사의 수학 오답 노트 하나로 충분하다. 다시 한 번씩 풀어 보면 된다. 나의 약점들만 모아놓은 문제인 데다가 다시 보는 과정 중에 개념과 공식이 자연스럽게 복습되니 이보다 더 좋을 수는 없다. 일주일 정도 간격을 두고 두 번 정도 반복하면 충분하다. '겨우 두 번?' 하고 물음표를 붙이겠지만 직접 해보면 이것도 결코 만만하지는 않다.

여러분도 돌아오는 방학을 꼭 활용하기 바란다. 오답 노트가 없다면 책상 어딘가에 꽂혀 있는 모의고사 시험지를 꺼내서 가장 자신 없는 과목부터 다시 풀어 보자. 시험지도 없으면 인터넷에서 다운받으면 된다. 이 경우에는 틀린 문제가 표시되어 있지 않다는 점이 문제인데, 시험 보는 것과 동일하게 시간을 재서 문제를 풀어 보자.

가끔 오답 노트를 숙제로 제출했는데 선생님이 돌려 주지 않으셨다는 말을 듣는다. 복습을 위해 노트가 필요하다고 꼭 말씀드려서 노트를 돌려받도록 하자.

선생님들께 각별히 부탁드리고 싶은 것은, 오답 노트가 왜 필요하며 그것이 실력 향상에 얼마나 큰 도움이 되는지를 학생들에게 충분히 설명해 주셨으면 하는 것이다. 그래야만 학생들이 들이는 시간과 노력이 의미를 찾을 수 있기 때문이다.

4. 오답 노트의 정리 노하우

문제의 속마음을 훔쳐봐라

지금 생각해 보면 난 고등학교 때 굉장히 무식하게 공부를 했던 것 같다. 무엇이 시험에 나올지 전혀 생각하지 않은 채 그저 열심히만 했던 것이다. 시험 범위가 정해지면 핵심을 먼저 파악해야 하는데 시험 범위의 첫 장부터 '착하게' 공부를 해 나갔다. 비효율적인 모범생이었던 것이다. 반면 K와 P는 늘 놀면서도 나보다 성적이 잘 나왔다.

'어떻게 하면 저렇게 여유 있게 공부를 할 수 있을까?'

나는 늘 이 문제로 고민했지만 끝내 알아내지 못하고 고등학교를 마쳤다. 지금 생각해 보니 그들은 '핵심을 파악하는 능력'이 탁월했던 것 같다. 많은 학생들을 대하며 비로소 깨닫게 된 사실이다. 무엇이 중요하고 무엇이 덜 중요한지를 스스로 파악하는 연습을 해야 한다. 이 훈련을 오답 노트를 통해 해보자.

'문제의 속마음'은 '문제 출제 의도' 혹은 '문제의 핵심'이라고 말할 수 있다. 즉, 이 문제가 어디서부터 출발했는지를 생각해 보는 것이다. 이 고민을 하면 할수록 내가 무엇을 공부해야 할지 더욱 명확해진다. 이것을 훈련하면 공식이나 이론을 공부하면서도 '이 내용은 이런 문제로 나올 수 있겠다' 하는 감각이 생긴다. 공부하기가 점점 쉬워지는 것이다.

답이 틀린 이유와 문제의 핵심은 일치할 수도 있고 다를 수도 있다. 문제가 무엇을 묻는지는 알겠는데 다른 것과 헷갈려서 틀리는 경우도 많기 때문이다.

내가 생각한 문제의 핵심과 해설에서 말하는 문제의 핵심이 다를 경우에는 둘 다 적어 두자.

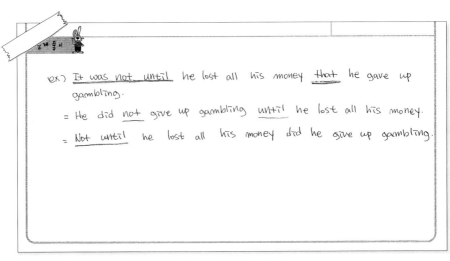

오답 노트의 아래 부분. 문제의 핵심을 문제 풀이란에 정리하였다.

문제를 깨끗하게 유지하라

오답 노트에 틀린 문제를 붙일 때에는 풀이 과정이나 보충 필기 등이 없는 깨끗한 문제를 붙이도록 하자. 가능하면 답을 몇 번으로 체크했는지도 표시되지 않은 상태가 좋다. 이 사소한 체크와 낙서들이 다음 복습할 때에 방해가 될 수 있기 때문이다.

문제를 풀다 보면 답도 체크하고 낙서도 하게 되기 때문에 시험지를 깨끗하게 유지하기가 쉽지 않다. 모의고사를 보는 날이면 여분의 시험지가 남게 마련이니 오답 정리용으로 쓸 시험지를 한 부 더 마련하자.

인터넷으로 모의고사 시험지를 출력하는 것도 한 방법이다. 이미 풀었던 문제라도 새 문제로 다시 풀면 헷갈렸던 부분이 다시 헷갈리기도 한다. "설마~"하는 학생들은 직접 해보기 바란다. 인간의 두뇌는 적응력이 굉장히 빨라서 이미 익숙해진 헷갈림을 바로 잡는 데에는 집요한 노력이 필요하다.

더욱 좋은 방법은 노트 한 면에는 깨끗한 문제만을 붙이고 다음 페이지에 해설과 문제의 핵심, 문제를 틀린 이유 등을 적는 것이다. 이렇게 하면 곁눈으로 보이던 해설 등이 없기 때문에 문제에 집중할 수 있다.

이제부터는 오답 노트를 '완소 노트'로 여기겠다.

오답 노트를 잘 활용해 나의 취약점을 극복하겠다.

20 (A),(B),(C)의 각 네모 안에서 어법에 맞는 표현을 골라 짝지은 것은?

Probably the greatest hoax of all time was the 1938 radio broadcast of "War of the Worlds." According to the program, which (A) | was broadcasted / broadcast | the night before Halloween, Martians had landed their spaceship in New Jersey. What sounded like a news report told people (B) | whom / that | Martians were terrible monsters that were destroying entire cities. Many left their homes and drove into the hills to hide. The radio announcer said that the show was just a story, but by the time it was to late. People had believed it. It was not (C) | until / that | the next day that they realized it was just a radio story.

	(A)		(B)		(C)
①	was broadcasted	---	whom	---	until
②	broadcast	---	that	---	that
③	was broadcasted	---	that	---	until
④	broadcast	---	whom	---	that
⑤	was broadcasted	---	that	---	that

틀린 이유	이런 표현이 있는지 정말 몰랐다.
	괄호구의 뜻을 알수 없으니 해봤어도 안되고…
	긴 문장 속에 until that이 숨어 있어 어쩌고봐도 잘 모르겠다.
문제의 해법	It is not until A that B
	(A 하고나서야 비로소 B 하다)
	= not B until A
문제풀이	It was not until he lost all his money that he gave up gambling
	= He did not give up gambling until he lost all his money
	= Not until he lost all his money did he give up

해설과 핵심 이유를 적은 뒷면.

틀린 문제는 단원별로 모아라

오답 노트를 만드는 방법을 알았으니 정리하는 방법도 생각해 보자. 필기 노트에서 살폈듯이 오답 노트도 과목별, 단원별로 모아야 한다. 지식을 체계적으로 연결해 주니 좋고, 내가 틀린 문제가 어느 단원에 집중되어 있는지 알아서 좋다.

모의고사나 수능 기출문제는 중간고사(기말고사)와 달라서 시험 범위가 정해져 있지 않다. 따라서 틀린 문제가 어디에 속해 있는지 생각해 보는 것부터가 복습의 시작이다. 오답을 정리한 후에 페이지 위쪽에 해당 단원을 기록하자. 여러 단원의 내용이 복합적으로 섞여 있는 통합 문제라면 틀린 이유에 해당하는 단원을 적으면 된다. 가능한 한 소단원까지 세분화해 보는 노력이 필요하다.

오답 노트를 만들고 1.1.1 복습을 한 후에는 단원별로 분리를 해야 한다. 삼공 노트와 링 바인더의 진가가 이 순간에 드러난다. 일반 노트로는 단원별로 분류할 때 생기는 시너지 효과를 낼 수가 없다. 한해 두해 단원별로 틀린 문제들을 모으다 보면, 지난번 모의고사 때 틀렸던 단원에서 또 틀렸다거나 같은 문제에서 또 틀렸다는 걸 볼 수 있다.

오답 노트의 장수가 자꾸 늘어나는 단원이 있다면 그 단원에 대한 전반적인 이해가 부족하다는 의미이다. 따라서 틀린 문제만 '땜질' 하는 것으로는 불안하다. 조금만 응용한 문제가 나와도 헷갈릴 것이 뻔하다. 주말이나 연휴에 '취약 부분 극복의 날'을 정해 해당 부분의 교과서와 노트, 문제집 등을 펼쳐 놓고 찬찬히 정복해 나가자.

국어 과목은 단원별로 분류하기가 쉽지 않다. 특히 비문학은 같은 지문이 출제될 가능성이 거의 없기 때문에 오답 노트의 의미가 크지 않으므로 오답 노트를 따로 만들지 않아도 좋다. 문학 작품들은 단원별 분류 대신 고전시, 현대소설 등과 같이 장르별로 구분하여 정리하자.

영어도 단원별 구분이 무의미하다. 문법, 어휘, 장문 등과 같이 나의 실수가 겹치는 기준을 나름대로 선정하여 분류하면 된다. 어차피 같은 지문이 나오지 않는데 영어의 오답 노트를 만들어야 할 이유가 있느냐고 묻는 학생들이 있다. 같은 지문이 나오지는 않지만 모의고사에는 그 학년의 교과 과정에 맞는 문법과 어휘를 활용한 지문들이 나오기 때문에 유난히 모르는 단어가 많았거나 장문 때문에 독해에 애를 먹었던 지문은 반복하여 읽을 필요가 있다.

오답 노트는 시험 직후에 만들어라

문제를 풀고 나서 한참 후에 오답 노트를 만드는 것은, 조금 심한 비유를 들자면 수혈의 기회를 놓친 환자가 건강을 회복하기 어려운 것과 같다. 학교에서 모의고사 공지가 났다면 오답 복습을 언제 할 것인지 계획을 세워야 한다. 시험이 끝난 날은 매우 피곤하고 공부할 맛이 안 나겠지만 헷갈린 기억이 쉽게 사라지는 사탐, 과탐만이라도 그날 저녁에 해결하자. 그리고 시험을 본 다음날 야자시간은 무조건 오답 문제를 정리하는 날로 빼놓자. 시험을 보기 전부터 이렇게 작정해 두지 않으면 오답 노트는 또 하나의 숙제거리가 되고 만다.

Tip
sky 선배의 오답 노트 엿보기

오답 노트에 관해 학생들이 가장 궁금해하는 것들만 모아 오답 노트를 실제로 활용해 본 선배에게 물었다.

★ **오답 노트는 어떤 것으로 만들어야 해요?**

나는 스프링 노트나 일반 노트보다는 바인더를 사용했어. 노트가 크니까 문제를 오려 붙이고도 여백이 남아 개념을 정리하거나 틀린 부분을 분석하기에 편했거든. 무엇보다 관련 문제나 단원끼리 묶을 수 있어 편했지. 내가 넣고 싶은 페이지에 넣기만 하면 되니까. ^^

★ **어떤 문제를 붙여야 해요?**

선행학습을 할 때는 모르는 게 많아 죄다 틀리잖아. 앞장 문제를 오리면 뒷장 문제를 버려야 하는 딜레마에 빠지게 되지. 그래서 나는 그날그날 오려 붙이지 않고 일주일 단위로 모았어. (문제를 오려 붙이지 않았단 말이지, 아예 복습도 안 하고 모아 두었단 말은 아니다~^^) 월요일부터 토요일까지 문제를 모았다가 틀린 문제만 일요일에 다시 풀어 보는 거야. 그때 틀린 것들만 골라 붙였어. 그래도 앞뒤로 연결되면 그땐 한 문제를 복사해 붙였지.

★ 오답 노트 만드는 데 시간이 너무 많이 들어요 ㅠㅠ

오답 노트는 틀린 문제를 다시 안 틀리도록만 하면 되는 거야. 절대로 예쁘게 꾸밀 필요가 없어. 나도 처음엔 가위로 예쁘게 오려 붙였지만 나중엔 손으로 찍- 찢어서 테이프로 척- 붙였지. 배보다 배꼽이 더 커지지 않도록 주의해야 해. 노트 꾸미기보다는 왜 틀렸는지, 어느 부분의 개념을 모르는 건지, 언어적인 함정에 빠진 건 아닌지 등등 오답 분석에 집중하렴!

★ 오답을 정리하는 구체적인 방법을 알려 주세요

1. 먼저 이 문제가 어떤 개념에 관련된 문제인지 파악하고
   (스스로 파악하기 어려우면 해답을 보면서라도 어떤 개념에서 파생된 문제인지를 파악해야 해.)
2. 실수로 틀린 것인지, 몰라서 틀린 것인지를 분석해서
   (따로 표시를 해두자. 예를 들면 실수는 실수라고 쓰는 거지. 헷갈렸던 보기도 다 표시를 해야 해. 그 부분 역시 네가 잘 모르는 부분일 테니까.)
3. 실수였다면 어떤 부분에서 실수했는지를 파악하고
4. 몰라서 틀린 거라면 핵심적인 개념은 알고 있는데 응용 부분에서 틀린 것인지 핵심적 개념도 모르는 상태인지를 분석한 다음
5. 응용 부분에서 틀린 거라면 기존의 필기 노트에 보충을 하고
6. 핵심적인 개념도 몰라 틀린 거라면 개념 정리부터 다시 공부하면 돼.
7. 참! 한 페이지에는 한 문제만 붙이는 것이 좋아. 그래야 나중에 비슷한 문제나 자료를 끼워 넣을 수 있거든.

오답 정리는 단순한 복습이 아니야. 이 과정을 통해 실질적으로 점수를 올릴 수 있다고 생각해야 해. 한 문제를 제대로 정리하면 점수 몇 점이 올라갈 수 있고 그게 등급을 좌지우지 하니까 그 중요성을 마음 깊이 새길 것!

★ 오답 노트는 어떻게 활용해요?

오답 노트는 그야말로 '약한 부분 메우기' 노트야. 따라서 오답 노트를 통해 약한 부분이 강해졌다면 과감히 빼버려야겠지. 우선 복습의 주기를 정해 봐. 2주에 한 번 보겠다는 식으로. 물론 오답 노트를 만들 때 이미 한 번은 본 거고. 두 번째 볼 때부터 표시를 하는 거야. 다시 풀었을 때 또 틀린 것은 正자 표시로 하나씩 획수를 추가해 나가는 거지. 두 번째 볼 때 맞은 건 따로 뒷부분에 모아 두도록 해. 그냥 버리기 불안하니까 따로 모았다가 다시 풀어 보고, 틀린 건 다시 오답 노트에 넣으면 돼.

풀수록 正자 표시가 늘어나는 건 특별 관리해야겠지? 내 경우, 수능 일주일 전에 오답 노트를 보며 특별 관리할 걸 뽑아 보니 50문제 정도 되더라. 正자 표시 8개짜리도 있었어. ^^ 그런 건 수능 직전까지 보고 또 봐야 해. 그렇게 하면 수능 볼 때 오답 노트에서 본 문제와 유사한 문제만 나와도 싱글벙글 춤을 추고 싶을걸?

오답 노트는 만드는 것도 중요하지만 활용이 더 중요하다는 사실!(무슨 광고 카피 같지~^^) 만들어만 놓고 펼쳐 보지도 않는다면 오히려 시간 낭비라는 것 잊지 말고 오늘부터 다시 시작하는 거야!

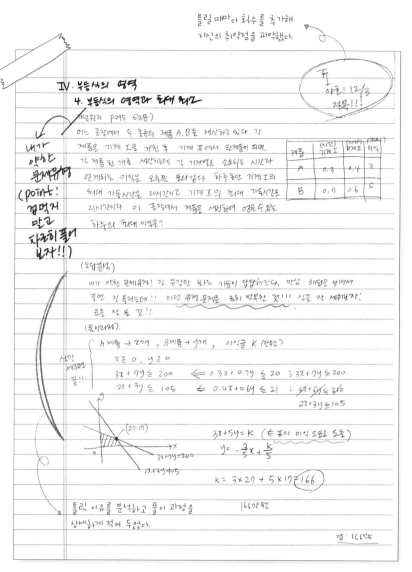

틀릴 때마다 회수를 추가해
자신의 취약점을 파악했다.

Ⅳ. 부등식의 영역
4. 부등식의 영역과 최대 최소

(개념원리 p295 63번)
어느 공장에서 두 종류의 제품 A, B를 생산하고 있다. 각
제품은 기계 Ⅰ을 거친 후 기계 Ⅱ에서 완제품이 되며,
각 제품 한 개를 생산하는데 각 기계별로 소요되는 시간과
얻게되는 이익은 오른쪽 표와 같다. 하루동안 기계Ⅰ의
최대 가동시간은 20시간이고 기계 Ⅱ의 최대 가동시간은
21시간이다. 이 공장에서 제품을 생산하여 얻을수 있는
하루의 최대 이익은?

내가
약한
문제유형

(point :
갤먹지
말고
차근히 풀이
보자!!)

제품	(시간)기계Ⅰ	(시간)기계Ⅱ	(만원)이익
A	0.3	0.4	3
B	0.7	0.6	5

(오답분석)
내가 약한 문제유형! 긴 문장만 봐도 기운이 달달해진다. 맘상 해답을 보면서
풀면 잘 풀리는데!! 이런 유형 문제를 꾸준히 반복한 것!!! 식을 잘 세워보자!
표를 잘 볼 것!!

(풀이과정)
A제품 → x개 , B제품 → y개 , 이익금 K (만원?)
세만
세우면
끝!!
$x \geq 0, y \geq 0$
$3x + 7y \leq 200$ ⇐ $0.3x + 0.7y \leq 20$; $3x + 7y \leq 200$
$2x + 3y \leq 105$ ⇐ $0.4x + 0.6y \leq 21$; $4x + 6y \leq 210$
$2x + 3y \leq 105$

(20,17)

$3x + 5y = K$ (⇐ 표의 이익 도표로 도출)

$y = -\frac{3}{5}x + \frac{K}{5}$

$3x+7y=200$
$2x+3y=105$

$K = 3 \times 27 + 5 \times 17 = 166$

166만원

틀린 이유를 분석하고 풀이 과정을
상세하게 적어 두었다.

답 : 166만원

신가혜
서울대학교 사회교육과 4학년에 재학 중이며 스카이 멘토에서 사회탐구 영역의 공부
비법 전수 상담을 맡고 있다. 스카이 멘토가 공인하는 공부 달인 중의 달인이다.

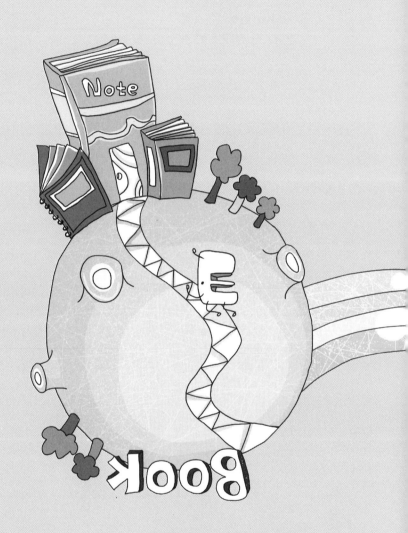

CHAPTER. 3

지식을 연결하는
노트 정리법

필기를 하다가 프린트물을 받았다면 일단 한쪽에 이름부터 써둔다.
그리고 구멍을 뚫어서 필기 노트 뒤에 철하면 된다. 그래야 수업의 내용
그대로를 한꺼번에 이해하고 복습할 수 있다.

'정리'는 '지식을 연결'하는 과정이라 할 수 있어. 한번 생각해 봐. 지금까지 해온 노트 정리는 단편 지식들을 서로 연결해 주는 도구였는지, 아니면 단순한 '옮겨 적기'에 불과했는지. 지식이 연결되지 않는다면 성적을 올리기는 힘들어.

그래서 이번 장에서는 노트를 정리하는 것에 대해 살펴볼 거야.

✓ 학기가 바뀌고 학년이 바뀔 때는 쓰던 노트를 어떻게 처리해야 하는지

✓ 오답 노트와 필기 노트를 연결해 공부할 수 있는 방법은 뭔지

✓ 대학 입시가 코앞에 닥쳤을 때 봐야 할 핵심 노트는 어떻게 만드는지

나의 실력을 단단하게 만들어 줄 노트 정리 노하우, 이제부터 하나하나 살펴보자고~.

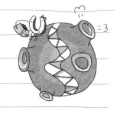

1. 단원별 정리로
지식을 체계화하라

노트를 정리한다는 것은 필기하면서 사고했던 지식과 틀린 문제를 복습하면서 보완했던 지식을 체계화하고, 지식의 연결고리를 만드는 과정이다.

시험 때마다 벼락치기 공부를 하는 K는 '평소에 공부한다'는 것이 어떤 것인지 잘 모른다. 하지만 벼락치기 할 때만큼은 집중력도 암기력도 세계 최고다. 바로 전에 봤던 것이 시험에 나왔을 때의 쾌감이란! 해본 사람이 아니면 모른다. 시험이 끝나고 하나둘 채점을 해보니 공부를 정말 안 했는데 의외로 맞은 개수가 꽤 많다. 야호~! 스릴을 만끽하면서 동그라미와 작대기를 반복하고 나서 틀린 문제들을 들여다보니….

"뭐야! 이거 버스에서 봤던 거잖아.

아! 생각이 났었는데!

어? 이걸 왜 4번이라고 했지?"

다 아는 것들인데 시험 볼 때에는 뭐라고 썼는지 갑자기 생각이 안 난다. 엉뚱한 답에다 체크를 한 경우도 있다. 한 문제 한 문제 아깝지 않은 것이 없다. 이것들만 다 맞았어도 지난번보다 훨씬 점수가 올랐을 텐데….

이것은 지식이 체계적으로 정리되어 있지 않기 때문이다. 지식을 체계화한다는 것은 머릿속에서 하나하나 떠돌아다니는 지식 조각들을 연결할 고리를 만든다는 뜻이다. 하나의 단어에서 그림, 강의 내용, 문제 풀이 등을 줄줄 뽑아낼 수 있으면 생소한 문제가 나와도 논리의 구조를 이리저리 돌려가며 풀 수 있다.

열심히 공부를 했는데 뒤돌아서면 다 까먹은 것처럼 느껴질 때도 많지만, 우리의 두뇌는 한 번 익힌 지식을 흉터처럼 언제까지나 지니고 있다고 한다. 공부한 모든 내용은 두뇌 어딘가에 남아 있는 것이다. 그런데도 공부한 내용이 생각나지 않는 이유는 저장되어 있는 지식을 문제에 적용하여 '출력' 하는 훈련이 되어 있지 않기 때문이다. 시험 당일 버스에서 본 내용도 출력이 되지 않는데 내년, 내후년의 대입시험 때까지 남아 있을 리가 없다.

자, 이제 공부한 모든 지식을 *끈끈하게* 연결해 주는 '체계화' 를 시작하자. 단원별로 노트 정리를 하면 이 훈련을 할 수 있다. 지식들을 단원별로 묶는 것이다.

학교든 학원이든 모든 수업은 단원별로 이루어진다. 학교 수업의 단원을 기준으로 학원 수업이나 인터넷 강의 등 학교 외의 수업을 해당 단원에 끼워 넣는다. 그 단원과 관련하여 공부한 모든 내용을 한곳에 모아 두는 것이다. 이렇게 한눈에 볼 수 있도록 정리를 해 놓으면 그 내용을 보는 동안 뇌가 지식을 한꺼번에 가동시킬 것이다. 그 과정이 반복되면서 지식의 체계화가 자연스럽게 이루어진다.

이렇게 단원별로 체계화하여 공부하면 당장 내신 시험에 도움이 될 뿐 아니라, 장기적으로는 수능을 준비할 때도 많은 도움이 된다. 막히는 문제에 맞닥뜨렸을 때 그 문제가 어떤 단원에서 나왔는지를 파악하고 나면 출제 의도와 그에 맞는 해답을 쉽게 구할 수 있기 때문이다. 특히 수학이나 사탐·과탐 영역에 큰 도움이 된다.

P가 어느 날 한숨을 쉬며 공부에 대해 푸념을 늘어놓았다.

"선생님, 공부하고 나서 바로 문제지를 풀면 다 맞고 기억도 잘 나는데 시험 볼 때는 꼭 두 개가 헷갈려요. 그런데 꼭 제가 찍지 않은 게 답이라니까요."

"너 도서관 가봤지? 도서관에 책이 어떻게 꽂혀 있든?"

"음, 분야별로 꽂혀 있지 않아요? 과학, 인문, 소설, 백과사전… 뭐 이렇게요."

"그래, 바로 그거야. 분야 내에서도 더 세세하게 분류가 되어 있잖아. 사회과학 분야라면 정치, 경제, 경영, 언론 등등으로 더 세분화되어 있는 거지. 그래야 필요한 책을 쉽게 찾을 수 있잖아. 도서관에 책이 분류되어 있지 않다고 생각해 봐. 얼마나 혼란스럽겠니? 공부도 마찬가지야. 네 머리에 지식을 넣을 때 분류를 해서 넣어야 해. 분류는 단원에 따라 하면 돼. 노트 정리나 프린트물도 단원별로 정리를 해야겠지. 그렇게 공부하는 버릇을 들이면 시험 볼 때 네 머릿속에 들은 지식을 쉽게 꺼낼 수 있어."

그 뒤로 P는 내가 알려 준 방법대로 단원별로 체계를 잡아가며 공부를 했다. 그리하여 수능에서도 좋은 성적을 거뒀고, 현재는 자신이 원하던 고려대 정치외교학과에서 열심히 공부하고 있다. (이따금 만나면 대학에서도 단원별로 필기를 정리한다는 우스갯소리를 하곤 한다.)

학년이 올라가고 공부하는 내용이 방대해질수록 이 체계화 작업은 매우 중요하다. 특히 최근 수능에서는 모든 단원에서 고르게 출제될 뿐 아니라 단원별 통합 문제가 매우 많이 출제되고 있어서 단원별 학습이 더욱 중요하게 되었다.

나의 다짐!!

벼락치기와 담배의 공통점을 잊지 말자!

✓ 안 좋다는 걸 알면서도 끊지 못한다.

✓ 서서히 성공에서 멀어지게 한다.

통합형 문제에 강해져라!

지식 체계화 작업이 끝났다면 통합 문제에 강해지는 노트로 업그레이드

해보자.

예를 들어, 사회 문화에서 사회 현상을 기능론, 갈등론으로 보는 것은 각

단원마다 계속 나온다. 즉 1단원에서 기능론, 갈등론이 무엇인지를 배웠

다면 그 이후 단원에서는 계층 문제, 청소년 문제 등의 실제 사회 현상을

기능론, 갈등론에서 어떻게 보고 있는지가 나온다. 이를 개별적으로 정리

하는 것도 좋지만 각 단원을 통합하여 '기능론, 갈등론'이란 주제 아래

한꺼번에 정리해 놓는다면 통합형 문제에 도움이 될 것이다. (역효과를

볼 수도 있으니 단원별로 체계화한 이후에 도전해 보자.)

기능론과 갈등론

1. 사회 구조	구분	기능론	갈등론
	전제	사회구성요소들은 상호의존적,	사회구성요소들은 상호갈등.
		사회 유지·통합이 핵심	갈등이 사회변동의 원동력.
2. 계층 문제	맞전	사회 희소 가치의 차등 분배에 따른 필연·보편현상	지배층의 기득권 유지 위해 계층구조가 존재함.
	배경	개인의 능력/구성원들의 합의된 가치 반영	권력이나 가치의 배경/ 지배 집단의 가치 반영
	기능	개인, 사회가 최선을 다하도록 하는 필수 불가결한 장치	사회적 박탈감 초래, 집단간의 대립, 갈등 유발.
	가치 배분 절차	합법적 절차	권력과 강제
3. 사회 문제	개념 정의	사회체계 中 일부가 제기능을 다하지 못해서	사회의 희소 가치의 불균등한 배분으로
	문제점	아노미, 생태계 파괴	빈부격차, 남녀불평등

2. 필기 노트와 오답 노트를 합체하라

합체만이 살 길이다

만화영화에서 '합체'의 위력을 보며 자란 우리. 우리 편이 각각 흩어져 여기저기서 공격을 해보지만 끄떡도 하지 않는 상대 괴물. 오히려 우리 편이 당하고 있다. 그러다가 "합체"를 외치며 하나가 된 우리 팀은 총공격을 해 결국 괴물을 폭파시킨다. 이 장면은 언제 보아도 뿌듯하다.

합체의 위력은 축구에서도 나타난다. 맨유에서 활동하고 있는 한국 최고의 미드필더 박지성 선수가 같은 팀 선수 루니에게 멋진 패스로 공을 건넨다. 그럼 루니는 공을 이어받아 그림 같은 슛을 연출한다. 이 두 사람의 멋진 합체로 팀이 이긴다.

'합체의 위력'을 '시너지 효과'라는 말로 표현하기도 한다. 시너지 효과는 경영 분야에서만 쓰는 어려운 말이 아니다. 내 책상 위에서 무기력하게 잠자고 있는 노트를 가지고도 충분히 적용할 수 있다.

　노트 정리의 진수는 바로 합체에 있다. 힘들여 공부한 내용을 하나도 빠짐없이 머릿속에 엮어 두려면 반드시 필기 노트와 오답 노트를 합체해야 한다. '구슬이 서 말이어도 꿰어야 보배'이듯 내 머릿속에 학습되어 있는 여러 가지 지식들도 필요할 때 바로 생각해 낼 수 없다면 성적 향상에 아무런 도움이 되지 않는다.

필기 노트의 단원을 기준으로 오답 노트를 끼워 넣어라

학교, 학원, 인터넷 강의 내용을 잘 필기했고, 모의고사와 기출문제에서 틀린 문제를 철저하게 정리했다면 두 가지를 하나로 합치자. 나의 내공이 압축된 한 권의 노트가 탄생한다. '전체는 부분의 합보다 크다'는 원리가 여기에도 적용되는 것이다.

링 바인더에 꽂을 수 있는 노트는 여기에서도 위력을 발휘한다. 모의고사를 보고 오답 문제를 정리하였다면 각 문제 위에 단원의 이름이 적혀 있을 것이다. 그 단원의 필기 부분 뒤에 그 오답 문제를 함께 끼워 두자. 오답 노트의 1.1.1 복습이 끝난 후, 즉 '한 달 후' 복습이 끝난 후 그 페이지를 필기 노트 뒤로 옮겨 놓으면 된다.

이 원리는 우리가 흔히 보는 참고서와 유사하다. 어떤 과목이든 참고서를 펼치면 개념과 이론을 정리하는 부분이 나오고 그 뒤에 문제가 나온다. 내가 수업을 들으면서 필기한 부분은 개념과 이론에 해당되고 뒤에 이어지는 오답 문제는 단원평가 문제에 해당한다고 할 수 있다. 이제 좀 감이 오시는지? 내 손으로 만든 나만의 참고서가 완성되는 순간이다.

이 작업은 휴일에 날 잡아서 하는 것이 아니다. 공부를 하면서 꾸준히 지속적으로 해야 한다. 합체를 할 때는 필기 노트의 단원을 기준으로 오답 문제들을 끼워 넣어야 혼란을 줄일 수가 있다.

만일 2학년 때부터 필기를 제대로 하기 시작했는데 오답 문제 중에 1학년 과정의 문제가 있다면? 그냥 필기가 없는 상태로 오답 정리 부분만 단원별로 정리하여 두면 된다. (형식을 맞추기 위해 필기를 만들어 내지는 말자.) 단원별로 정리된 오답 노트만으로도 충분한 가치가 있다.

　이렇게 정리하면서 공부를 해 나가다가 중간고사가 다가오면 노트만 보아도 그동안 수업시간에 어떤 내용을 배웠는지, 이 단원에서 내가 약한 부분은 어디인지가 한눈에 들어온다. 더 이상 무엇을 공부해야 할지 혼란스러워할 필요가 전혀 없다. 시험을 앞두고 이 노트를 보고 또 보면 된다. 그 과정이 모두 반복 학습이며 지식을 다지는 훈련이므로 지겨워하지 말기를!

이제부터는 귀찮아하지 않고 필기 노트와 오답 노트 합체에
주력하겠다! 공부한 모든 지식을 하나로 연결하여
입시제도가 바뀌어도 흔들리지 않을 실력을 쌓겠다.

| 업그레이드 TIP | 항상 틀리는 유형을 잡아라!

필기 노트와 오답 노트의 합체로 취약한 단원에 대해 대비했다면 한 단계 업그레이드해서 문제 유형별 오답 노트에 도전해 보아도 좋다. (특히 이 방법은 수능을 앞둔 고3에게 더욱 도움이 될 것이다.)

'항상 틀린 문제만 틀린다'는 말은 두 가지 경우를 포함하고 있다. 첫째, 항상 틀린 내용만 틀린다. 둘째, 항상 틀린 유형만 틀린다. 전자를 필기 노트와 오답 노트의 합체로 극복했다면 후자는 문제 유형별 오답 노트로 극복할 수 있을 것이다.

언어, 외국어, 수학, 탐구 영역은 각 교과대로 시험을 통해 측정하고자 하는 문제 유형이 있다. 언어의 경우 시어의 함축적 의미, 인물의 성격 및 심리 추리, 서술상의 특징 파악, 내적/외적 준거에 따른 비판, 생략된 내용의 추리, 세부 정보의 이해 등이 그 것이다.

언어 영역 문제를 풀어가다 보면 문제만 보고도 움찔해서 왠지 풀기조차 싫은 문제들이 꼭 있다. 어떤 친구는 문학 파트는 소설책 넘기듯 술술 풀다가도 "(가)의 지문의 내용과 일치하는 것은?"이란 문제만 보면 시간을 내내 잡아먹기도 한다. 수리영역도 마찬가지다. 계산 능력을 측정하는 부분은 막힘없이 풀어나가다가 문장형 문제만 나오면 문제 자체를 읽기 싫다는 친구도 있다.

단원별 오답 노트를 여러 번 반복해서 내용을 정복한 후에는 자신이 까다롭다고 느끼는 유형을 뽑아 보자. 링 바인더 형태의 오답 노트라면 뽑아내는 작업 시간이 훨씬 절약될 것이다. 그 페이지 내에서 뽑기만 하면 되기 때문이다. 그 후 그러한 문제 유형에 어떻게 접근해 가야 하는지를 연구해 적어 놓는다.

혼자 알아내면 좋지만 그게 힘들다면 주변 친구나 선생님께 그런 문제 유형은 어떻게 접근해야 하는지를 물어라. 그리고 뽑은 문제들을 풀어 보자. 20문제만 풀어 봐도 굉장한 자신감이 생길 것이고, 푸는 스킬 역시 체득될 것이다. 그렇게 해서 한 문제 유형이 정복되면 다시 단원 뒤에 끼워 놓아도 좋고, 복사해서 문제 유형별 오답 노트를 계속 만들어 가도 좋다.

3. 수업시간에 받은
프린트물을 정리하는 요령

나른함이 모든 의욕을 잠재워 버리는 5교시, 일주일에 두어 번 정도 자켓을 바꿔 입으시는 국사 선생님이 들어오셨다. 늘 들어도 적응이 안 되는 칼칼한 목소리. 하루에 한두 장 프린트물을 주셨기 때문에 학기말이 다가오니 책과 공책의 앞뒤가 뚱뚱해졌다. 책을 조심스럽게 펴지 않으면 프린트물들이 툭 떨어진다. 수업시간 외에 본 적이 없지만 시험 때를 대비해 잃어버리지 않으려고 노력한다. 두 장 정도 없는 것 같은데 어떤 부분인지 모르겠다. 시험 때 어찌어찌 구하다 보면 필기까지 되어 있는 프린트물을 얻을 수 있으니 신경 쓰지 않는다. 지난 중간고사 때에는 복사할 시간도 없어 친구에게 스캔 파일을 받았다. 프린터마저 말썽을 부려 PC방으로 달려가는 난리를 부렸던 걸 생각하면 지금도 한숨이 나온다.

앞에서부터 또 한 장의 프린트물이 전달되어 온다. 선생님이 전 시간에 다 못 끝낸 프린트물을 펼치란다. '어디 있더라?' 분명 교과서에 끼워뒀는데…. 아무리 찾아도 보이지가 않는다. 보다 못한 짝궁 수진이가 그냥 자기 것을 함께 보잔다. 선생님은 벌써 프린트물 중간 부분을 설명하고 계신다. 짝궁은 열심히 필기를 한다. 잘 봐뒀다가 다음에 빌려서 필기해야겠다고 생각했다. 그런데 필기를 하지 않으니 집중은 안 되고, 졸리기만 하다. '아, 졸면 안 되는데….' 그러나 마음과는 달리 고개는 어느새 쿵덕쿵 쿵덕쿵 방아를 찧고 있다.

📱 나른함이 모든 긴장을 풀어 버리는 5교시, 3일에 한 번 정도 자켓을 바꿔 입으시는 국사 선생님이 들어오셨다. 선생님 특유의 칼칼한 목소리. 하루에 한두 장 프린트물을 주셨기 때문에 학기말이 다가오니 바인더에는 노트 필기보다 프린트가 더 많다. 프린트가 모자라 받지 못했던 부분은 포스트잇으로 표시를 해 두었다. 수업이 끝나면 선생님을 따라가 받아야지. 지난 중간고사 때에는 친구 것을 복사해서 봤는데 익숙하지 않은 필기와 밑줄들 때문에 혼란스러웠던 걸 생각하면 지금도 한숨이 나온다.

앞에서부터 또 한 장의 프린트물이 전달되어 온다. 선생님이 전 시간에 못 끝낸 프린트물을 펼치란다. 바인더의 프린트 중 가장 마지막 장이 지난 시간에 하다 만 것이니 그대로 펼쳐 두고 아이들이 부시럭거리는 동안 오늘 받은 프린트물에 구멍을 낸다. 바인더 링에 꼽아 두지 않으면 어디다 두었는지 절대 기억이 나지 않기 때문이다.

선생님께서 지난 시간 내용을 다시 정리해 주신다. 시험기간이 얼마 남지 않은지라 은근히 시험에 나올 내용을 강조해 주시는 것 같다. 특히, 프린트물에 나온 심화학습 내용은 교과서에는 없는데도 선생님께서 계속 강조하신다. 시험에 나올 것 같아 빨간색 펜으로 별을 다섯 개나 쳤다.

그런데 짝궁 지은이는 오늘도 프린트물을 안 가져왔나 보다. 받을 때 바로 정리를 안 하고 교과서에 빽빽이 끼워 가지고 다니니 맨날 잃어버리고 찾기도 쉽지 않을 수밖에. 에효~ 그냥 내 것을 같이 봐야 할 것 같다. 그런데 이 녀석, 직접 필기를 안 해서 그런지 꾸벅꾸벅 졸고 있다. 이번 시험기간에도 스캔한 파일을 보내달라고 조르겠구나.

많은 친구들이 지은이와 같은 경험을 해보았을 것이다. 학교 수업은 프린트, 노트 필기, 교과서를 넘나들면서 매우 복잡하게 진행된다. 필기도 여기저기 흩어지기 마련이다. 적을 내용이 생각나기는 했는데 어디다 적어야 할지 망설이다가 이어지는 선생님 말씀을 놓치기도 한다. 오늘 못 다한 프린트물을 다음 시간에 챙겨 오는 학생도 많지 않다. 책 어딘가에 꽂아 두었거나 사물함에 넣어 두었기 때문에 '지참' 할 수 있었을 뿐, 수업의 진도를 인식하고 프린트물을 '챙긴' 학생은 한 반에 한두 명 될까 말까. 이런 사소한 태도의 차이가 성적의 차이를 만들어 낸다.

프린트물은 수업의 내용이고 나의 사고가 담겨야 하는 '학습물' 이므로 잘 접어 두는 걸로 만족해서는 안 된다. 필기를 하다가 프린트물을 받았다면 일단 한쪽에 이름부터 써둔다. 그리고 구멍을 뚫어서 필기 노트 뒤에 철하면 된다. 그래야 수업의 내용 그대로를 한꺼번에 이해하고 복습할 수 있다.

프린트물 위주로 수업을 진행하는 시간에는 프린트 여백에 필기해야 한다. 프린트물은 대개 수업 내용이나 교과서 내용이 요약되어 있는 경우가 많다. 나중에 따로 정리할 생각하지 말고, '이 프린트물로 시험공부 한다' 라는 생각으로 필기를 하자. 그리고 시험기간에 이것을 위주로 공부하면 된다. 종종 교과서에는 언급되지 않은 심화학습 내용이 프린트물에 나와 있는 경우도 있다. 이 부분은 특히 주의해서 공부해야 한다.

또 하나 기억할 것은, 필기는 수업의 흐름을 타야 한다는 것이다. 프린트물에 필기를 하다가 선생님이 그림을 그린다면 나도 프린트물 뒤의 노트에 그림을 그려야 한다. 바인더에 철을 하는 순서는 필기 노트 → 프린트물 → 그림 노트 순이다. 복습할 때는 그 순서대로 다시 한 번 훑으면서 기억을 되살리면 그만이다.

시험공부는 수업시간부터 시작되는 것이다. 선생님이 주시는 프린트물은 어떤 참고서보다 훌륭한 시험 대비 자료이다. 남의 것으로 공부하면 학습 효과가 50% 이상 떨어진다. 그러므로 프린트물을 받는 즉시 철하고 소중하게 여기자.

프린트물은 받자마자 철해 두자.

프린트물을 빌릴 생각일랑 하지도 말자!

4. 노트를 불리고 버리는 것이 곧 공부이다

제대로 지식을 불려라

'노트 정리'라 하면 제일 먼저 무언가를 적고 있는 학생의 모습이 떠오른다. 새로운 정보를 추가하는 것이 노트 정리의 행위라고 생각하기 때문이다. 학생은 많은 것을 배워야 하는 입장이므로 새로운 내용을 적고 붙이고 추가하는 것이 당연하다. 이 '더하는 정리'는 수업시간 외에 혼자 공부하는 동안에도 끊임없이 이루어져야 한다. 문제집을 풀거나 학원 수업을 들으면서도 관련 지식이 지속적으로 생겨나기 때문이다.

필기의 방법은 자유롭다. '문제집에 FTA 기사와 관련된 문제가 있음'이라고만 적어 두어도 '이 부분의 내용이 국제 관계와 관련되어 시사적으로 나올 수 있겠구나'라는 것을 떠올릴 수 있다. 관련된 내용을 표로 정리했거나 학원 수업에서도 비슷한 내용을 필기했다면 그것들도 바인더에 끼워 넣자. 내가 공부한 모든 자료가 과목별, 단원별로 바인더에 그대로 녹아 들어가 있다고 생각하면 된다.

불필요한 것은 과감하게 버려라

그러면 '버리기'는 어떻게 할까? 필기 노트와 오답 노트를 단원별로 정리하고, '합체'해 가는 과정을 반복하다 보면 추가해야 할 내용과 버려야 할 내용을 스스로 판단할 수 있게 된다. 첫째로, 같은 내용이라면 질을 선택하자. 모의고사와 수능 기출문제를 풀면서 오답 노트를 만들어 가다 보면 같은 단원에서 유사 문제가 겹치는 경우가 있다. 그렇다면 둘 중 나의 약점이 훨씬 잘 드러나고 응용이 잘 되어 있어 복습의 가치가 높은 문제를 택하자. 많이 갖고 있다고 해서 좋은 것은 아니기 때문이다.

둘째, 오답 노트에 정리된 문제를 여러 번 다시 풀어 보았을 때 더 이상 틀리지 않는 문제라면 당연히 빼야 한다. 계속 가지고 다시 보는 건 시간 낭비이다.

끝으로, 필기 노트의 내용도 버릴 게 있다. 수업의 내용을 놓치지 않으려고 이것저것 열심히 적었는데 시간이 흐른 뒤 다시 보니 오히려 이해하는 데 도움이 되지 않거나 선생님의 주관적인 해설이어서 다른 문제에 적용하기 혼란스러운 내용이 있다면 과감히 지우도록 하자.

이렇게 말해 줘도 많은 학생들이 버리는 것을 두려워한다. 해보지 않아서이기도 하지만 노트를 한 장 버리면 마치 머릿속의 지식도 같이 없어져 버릴 것만 같은 느낌이 들기 때문이다. 나에게 전혀 도움이 되지 않는 자료들은 천덕꾸러기일 뿐이므로 불안해하지 말고 시원하게 날려 버리자.

더하는 필기에 자신이 없다면 연필로 시작을 하자. 빼는 필기에 자신이 없다면 '빼도 좋다'고 생각되는 부분에 포스트잇으로 붙여 표시를 하고, 그 부분이 필요 없다고 반복적으로 판단이 된다면 그때 버리도록 하자.

자신만의 노트로 공부하는 과정이 익숙해지면 직감적으로 무엇을 쓰고 무엇을 쓰지 말아야 할지 알게 될 것이니 너무 걱정하지 않아도 된다. 특히 '버리기'는 중고등학교의 교과 과정을 모두 마친 고3 때 시작해도 늦지 않다.

이쯤에서 내 고등학교 후배인 P의 이야기를 해야겠다. P는 남자인데도 굉장히 꼼꼼하고 섬세했다. 그래서인지 필기도 잘하고 오답 노트도 깔끔하게 정리했다. 노트 정리에 재미가 들렸는지 P는 2학년 말 즈음에 13개의 오답 노트를 보유(?)하게 되었다. '버리기' 작업을 하지 않고 계속 만들기만 했던 것이다. 하지만 앞에서 살펴봤듯이 이 경우에는 오답 노트의 의미가 없어진다. P 역시 오답 노트의 덕을 별로 보지 못했다. 성적은 늘 제자리였고, 무거운 가방을 들고 다니느라 낑낑대기만 했다.

그러나 P가 누구인가! 지난날의 과오를 깨닫고 특유의 섬세함을 발휘하여 버리기 작업을 실행했다. 3학년 여름방학 무렵에는 취약 과목 노트 2권만이 남았다. 13권의 노트 정리 작업으로 이미 노트의 달인이 된 P. 2권으로 정리된 그 노트는 그의 온갖 노하우가 녹아 있는 그야말로 엑기스 노트였다. 그 소문은 전교에 퍼져 너도나도 그 노트를 빌려 보고자 했다. P는 결국 서울대학교 역사교육학과에 입학했고 수능이 끝난 뒤에 노트를 후배에게 물려주었다.

노트의 두께에 만족하지 말자. 쓸데없는 내용은 과감히 버리자.

양질의 노트를 만들어 성적에 만족하는 그날까지

최선을 다해 공부하자.

5. 대입 시험장에 들고 갈 수 있는 분량으로 압축하라

해마다 대입 때면 뉴스는 온갖 긴장감 넘치는 화면을 총동원하여 대입 소식으로 도배를 한다. 그러나 정작 수험생들은 결전의 날이 가까워질수록 할 게 없다. 뭘 해야 할지 막막한 것이다. 책을 잠시 내려놓고 곰곰이 생각해 보자. 시험 한 달 전에는 무엇을 보아야 할까? 시험 일주일 전에는 책상 위에 뭘 펴 두어야 하지? 시험 전날에는 어떤 공부를 해야 하나? 시험 당일에는 어떤 책을 가져가지? 쉬는 시간에는 뭘 해야 좋을까? 1시간이나 되는 점심시간에는? 이렇게 구체적인 생각을 하다 보면 덮어놓고 '열심히' 하는 공부가 얼마나 위험한지 금방 깨닫게 된다.

노트 정리의 최종 목표는 시험장에 들고 갈 수 있을 만큼 간단하게 압축된 한 권의 노트를 만드는 것이다. 지금까지 수없이 반복해서 보고 또 봤던 노트이기 때문에 한 장 한 장 넘기면서 훑어보기만 해도 짧은 시간에 많은 내용을 되새김질할 수 있다.

그러므로 '효과적인 버리기'가 필요하다. 고3이 되면 노트의 내용이 늘 다시 봐야 하는 내용인지 아닌지를 생각해야 한다. 다시 보지 않아도 좋을 내용이라면 과감하게 버리자. 차마 버리지 못하겠다면 다른 곳에 보관하더라도 바인더에서는 빼 버려야 한다.

노트를 사용해 공부를 한 기간이 6개월밖에 되지 않아서 그동안 공부한 내용에 대한 기록이 많지 않다면 그에 맞게 수험 전략을 세우면 된다. 필기 노트가 없는 과목들은 모의고사와 기출문제로 구성된 오답 노트를 활용하면 되고, 최종정리 강의로 이론을 보충할 수도 있다.

긴 시간 공부한 내용을 한 권으로 모은다는 것이 어디 쉬운 일이겠는가? "한 권짜리 노트 없어도 대학만 잘 가더라"라고 투덜거리는 사람도 있을 것 같다. 중요한 것은 그 과정에서 수없이 반복하고, 수업 내용 및 틀린 문제를 자신의 것으로 만들려는 노력이 진짜 실력을 만들어 간다는 사실이다. 한 권으로 완성된 노트는 그러한 과정에서 나타나는 자연스러운 결과물일 뿐이다. 따라서 '아무리 압축해도 세 권이나 된다'고 걱정할 필요도 없고 한 권이 채 안 된다고 해서 불안해할 필요도 없다.

이제부터라도 적당한 긴장감을 가지고 공부하겠다.
지금 공부하는 내용이 실력 향상에 커다란 도움이 된다는 것을 믿고 최대한 집중력을 발휘하겠다.

Tip

sky 선배의 '개념 노트 활용 비법' 전수 받기

오답 노트와 필기 노트를 단원별로 모으다 보면, '이 단원에서는 이게 중요하구나', '요 내용을 핵심으로 지식을 연결해 나가면 되겠구나' 하는 감이 올 거야. 그러면 중요하지 않은 내용들은 살짝 거르고 알맹이만 챙기고 싶은 욕망이 들곤 하지. 그럴 때 필요한 것이 바로 개념 노트!!

★ 어떤 걸 개념 노트로 만들 수 있어요?

예를 들어 한국지리 시간에 여러 가지 바람에 대해 배웠다고 하자. 세계적으로 유명한 바람의 이름과 특징을 조사해 오는 게 수행평가였을 수도 있겠다. (설마… 바람 이름에 집중하느라 정작 중요한 '푄 현상'을 놓친 건 아니겠지?) 바람에 대해 필기한 뒷부분에는 푄 현상과 관련된 여러 가지 오답 노트가 들어 있을 거라 믿어. 이쯤 되면 바람의 이름들에 대해서는 잘 보지 않게 되지. 반면에 별로 중요하지 않은 듯해서 대충 따라 그린 그림이나 푄 현상, 높새바람의 특징이 있는 부분에는 깨알 같은 보충 필기와 틀린 문제를 공부할 때마다 추가했던 그림, 새로운 내용들로 정신이 없을 거야.

이렇게 피가 되고 살이 되는 중요한 개념들만 모아서 따로 정리해 보는 거지. 이때는 중요 개념에 대해 충분히 이해하고 있기 때문에 필기 내용을 베껴서는 안 돼. 노트에 무엇을 담을 것인지 머릿속으로 충분히 정리한 다음, 누군가에게 가르치는 것처럼 그림도 그리고 내용도 정리해 봐. 지식을 '나의 언어'로 재구성하는 것은 지식을 단단히 하는 아주 좋은 방법이거든.

★ 이게 정말 효과가 있어요?

당근이지. 노트를 정리했기 때문이 아니라 노트를 정리하는 과정에서 나의 엉켜 있는 사고 과정이 정돈되기 때문에 공부가 되는 거야. 아리송해서 자신이 없는 녀석들도 직접 개념 정리를 해봐. 쓰면서 기억이 잘 안 나는 부분은 다시 한 번 들여다보면서 공부가 되겠지?

★ 개념 노트 만드는 법을 좀더 구체적으로 알려 주세요

개념 정리를 할 때에는 날짜와 단원명을 반드시 쓰고, 참고했던 교재의 이름이나 해당 페이지를 적는 습관을 들일 것! 개념 노트에 담을 필요가 있을까 고민되는 것들은 참고서 페이지만 적어 두도록 하자.

개념 노트는 필기 노트와 구분이 잘 안 되니까 스티커를 붙인다든지, 형광펜으로 오른쪽 끝을 칠해 둔다든지 해서 표시해 두는 게 좋아. 개념 노트들만 보고 싶을 때 금방 알아볼 수 있도록 말이지.

개념 노트는 기존의 필기 노트를 대신해서 끼워 넣을 수도 있고, 필기 노트의 단원 앞에 넣어 그 단원의 핵심 내용을 보여 줄 수도 있지. 고3 끝 무렵에 휘리릭 넘기면서 핵심만 반복해서 보면 아주 좋아.

어때? 당장 해보고 싶은 마음이 들지? 몇 가지 주제가 떠올랐다면 주저하지 말고 GO! GO!

과목 특성에 맞게 노트를 활용하라

영어 단어를 암기하면서 귀찮고, 머리 아프고, 계속 까먹는 3중고를 겪어 보지 않은
사람은 없을 것이다. 영어를 잡고 싶다면 나만의 단어장부터 만들자.

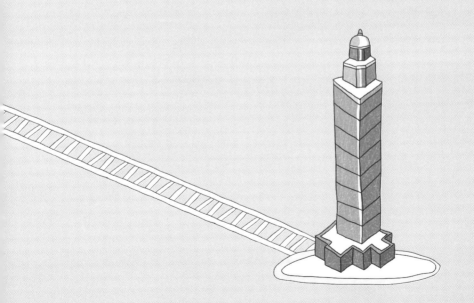

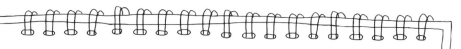

 단어를 외어야 하는 영어, 개념 이해와 풀이가 중요한 수학, 주요 인물을 익혀야 하는 국사, 그림 많은 한국지리와 생물, 헷갈리는 관점이 너무나 많은 사회문화, 누구나 어려워하는 논술….

우리가 배우는 모든 공부는 과목별로 제각각 다른 목적을 가지고 있어. 그런데 나의 노트들은 어때? 모두 똑같이 생겼잖아. 좀 심하다고 생각하지 않아?

오토바이를 타려면 헬멧을 써야 하고, 수영을 하려면 수영모를 써야 하듯이 과목이 다르고 공부 목적이 다르다면 노트 활용 방법도 달라져야 해.

4장에서는 목적에 따른 다양한 노트의 활용 방법들을 살펴볼 거야.

✔ 관절염보다 더 지긋지긋한 영단어를 잡는 방법

✔ 지끈지끈~ 감기보다 더 심한 두통을 일으키는 수학을 즐겁게 정복하는 비결

✔ 불치병인 건망증을 한 방에 잠재우는 다양한 노트 활용법

어때! 구미가 당기지? 당장 오늘부터 시작해 볼 수 있는 내용도 있으니 바짝 붙어서 따라오라고~.

I. 영단어 암기 노트

공부를 할 때는 받아 적는 것 말고도 해야 할 것이 많다. 그림도 그려야 하고 선생님의 설명 중 중요한 것을 추가해야 할 경우도 많다. 관련된 내용을 어느 참고서에서 볼 수 있는지도 적어 두어야 한다. 암기해야 할 영어 단어 목록을 만들거나 헷갈리기 쉬운 내용들만 모아서 따로 정리해야 할 때도 있다. 이렇게 다양한 학습 활동을 효율적으로 하려면 획일적인 노트만으로는 부족하다. 나에게 딱 맞는 방법으로 노트를 활용할 줄 알아야 한다.

대한민국 학생이라면 계열과 학년을 불문하고 누구나 영어를 배운다. 따라서 단어 공부는 기본! 그러나 영어 단어를 암기하면서 귀찮고, 머리 아프고, 계속 까먹는 3중고를 겪어 보지 않은 사람은 없을 것이다. 영어 단어를 효과적으로 공부할 비법은 정녕 없다는 말인가!

영어를 잘하고 싶으면 단어부터 잡아라

영어 실력이 비슷한 지은이와 수진이가 똑같이 영어 공부를 한다. 지은이는 독해집 10권을 풀기로 했다. 한 지문에 모르는 단어만 10개가 넘는다. 한 문장도 해석하기가 힘들다. 그래서 해설을 보며 단어의 뜻을 눈으로 파악한다.

수진이는 무작정 독해집만 푼다고 단어 실력이 늘 것 같지는 않았다. 한 지문에 모르는 단어가 10개가 넘어 지문 하나 해석하는 데도 30분이 훌쩍 넘었다. 그래서 독해집을 풀기보다는 단어 암기에 중점을 두기로 했다. 모르는 단어는 무조건 사전을 찾고 암기 노트에 정리했다. 지문 안에서의 뜻뿐만 아니라 다른 뜻, 동의어, 반어 등도 모두 정리하고 계속 반복해서 외우기로 했다.

3개월 후 –

지은이는 독해집 10권을 다 풀어 간다. 그러나 아직도 한 지문에 모르는 단어가 10개 이상이다. 예전에 봤던 단어인데 이 지문에서는 전혀 다른 뜻으로 쓰이는 거 같다. 단어 실력도 이전과 별반 차이가 나지 않는 듯하다. 수진이는 그동안 정리하고 외운 단어가 거의 1,500개에 다다른다. 지문 하나에 모르는 단어가 1~2개. 이대로만 나가면 영어 만점도 먼 이야기가 아닌 거 같다.

"영어 실력을 높이는 데 듣기, 말하기, 쓰기, 읽기 중 무엇이 가장 중요할까요?"

대학 시절 영어과 교수님이 던지신 질문이다. 여러분은 무엇이라고 생각하는가? 많은 학생들이 '듣기'라고 대답을 했지만 교수님의 답은 달랐다.

"'읽기'입니다. 어린아이일 때에는 듣는 것을 따라 말하면서 언어를 배우게 되지만, 어느 정도 성장한 후에 언어를 공부하게 된다면 많이 읽는 것이 가장 좋습니다. 읽을 줄 아는 것은 들리기 때문입니다. 잘 생각해 보세요. 외화를 보다가도 내가 들을 수 있는 대사는 모두 내가 읽을 수 있는 것들입니다. 읽을 수 없다면 당연히 들리지도 않지요. 내가 인지하지 못하는 소리들이니까요."

중고생들의 영어 공부도 다르지 않다. 영어 점수의 대부분은 읽기로 평가되기 때문이다. '읽기'를 잘하려면 어떻게 해야 할까. 문장을 읽고 내용을 이해하는 데 가장 먼저 해결해야 할 녀석은 '단어'이다. 아주 기본적인 문법 구조만 알고 있더라도 (주어와 동사를 구분할 정도의 수준) 단어를 이해한다면 그 문장이 무엇을 말하고 있는지 충분히 파악할 수 있기 때문이다. 영어를 잡고 싶다면 단어부터 잡자.

나만의 단어장을 만들어라

학생들이 단어 공부를 어떻게 하는지 알아보기 위해 대형서점의 어휘집 코너에 가서 서성거렸던 적이 있다. (내가 생각해도 내 직업병은 아무도 못 말린다.) 다섯 시간 정도 서성거렸는데, 단어장을 대하는 태도만 보아도 그 친구의 영어 실력을 알 것 같았다. 친구들과 수다를 떨면서 단어장의 평을 늘어놓는 학생, 지나가다가 눈에 띄는 책을 한번 들춰보고 가는 학생 등등. 그러나 단어장을 '사러' 오는 학생들은 한권 한권 진지하게 들여다보았다. 이번 기회에 그동안 속을 썩였던 어휘를 정복하리라 다짐한 것 같았다.

그러나 어휘력을 높이기 위해 단어집을 한 권 다 외울 각오를 하는 것은 너무도 무모하다. 자신의 수준과 실력을 전혀 고려하지 않은 채 빈출 단어를 모아 둔 단어장을 1쪽부터 외워 나간다면, 설사 그 책을 전부 외웠다고 해도 뿌듯함 말고 뭐가 더 남을까? 시중의 단어장은 나의 단어 실력과 무관하다. 나에게 딱 맞는 단어장은 나만이 만들 수 있으며, 내가 만든 단어장으로 공부해야 온전히 나의 실력이 된다는 점을 명심하자.

나만의 단어장, 이렇게 활용하라

야자시간에 지문 다섯 개를 공부하기로 한 K. 지문의 내용을 대충은 알겠는데 발목을 잡는 단어들이 있다. '상상력'을 발휘해 해석을 하고 문제를 풀었는데 용케도 맞았다. '어디 보자~'하고 해석을 보니 상상한 내용과는 전혀 다르다. 일단 답은 맞았으니 다행이라는 생각으로 위로를 하고 단어들을 살폈다. 단어 일곱 개에 밑줄 쫙~.

여기까지의 스토리는 누구나 비슷비슷하다. 그 다음에 어떻게 했었는지 잠시 떠올려 보자. 어떻게 단어 공부를 하고 있는가? 아마 중얼중얼 단어를 읽고 쓰는 유형이 가장 많을 것이다. 쓰는 것도 귀찮아 몇 번 읽고 그냥 넘어가는 학생들도 많다. 그러니 다음날 이 단어들을 기억 못하는 것은 너무도 당연하다. 우리의 기억력은 그렇게 훌륭하지 않다.

모르는 단어는 적어도 3일 이상 들여다봐야 익숙해진다. 정확한 철자를 외우려 하지 말고 그 단어의 생김새와 문장에서의 느낌을 기억하도록 하자. 우선 모르는 단어가 나오면 노트의 왼편에 적는다. 그리고 그 옆에는 지문을 찾아 그 단어가 쓰였던 문장을 적자. (습관적으로 단어 뜻을 적지 않도록 유의해야 한다.) 긴 문장의 경우 한 문장 속에 모르는 단어가 두세 개 나오는 경우도 있는데, 그 경우에는 두세 개의 단어를 왼편에 적고 묶음 표시를 한 후 오른편에 그 단어들에 해당하는 문장을 적으면 된다. 그러면 단어 뜻은 어디다 적지? 노트의 오른쪽을 세로로 5cm 접은 다음, 접은 뒷면에 적으면 된다. 노트를 모두 펴면 단어와 문장만 보이고 뒷면에 적은 뜻은 보이지 않게 된다.

자, 이렇게 과학적인(!) 정리를 하였으니 이제 반복할 일만 남았다. 반복 쓰기는 자율에 맡긴다. 해도 좋고 하지 않아도 좋지만 **쓰더라도 10번 이상은 쓰지 말도록 하자.** 철자와 발음이 연결될 만큼만 적어 보아도 충분하다.

단어를 적은 후에는 매일 한 번씩 3회 반복을 해야 한다. 복습 방법은 다음과 같다. 먼저 단어를 보자. 뜻이 생각나면 통과. 생각이 나지 않는다면? 옆에 적어 놓은 문장을 보자. 문장을 봤을 때 이 단어가 어떤 뜻

점검			단어	뜻, 유의어, 반의어, 동의어, 예문
1/22	o o o	adequate	All travellers should ensure they have adequate
	✓ o o	insurance	travel insurance before they depart.
	✓ ✓ ✓	suitable	A suitable insurance policy should
	o o O	arising	provide coverage for medical expenses arising
	✓ ✓ ✓	cancellation	🔵 concellation of the holiday
	✓ o 6	emergency	emergency contact details with you at all times
	O O O	departure	Before departure,
1/24	O o O	adversity	Some heroes shine in the face of great
	✓ ✓ ✓	performing	adversity, performing
	O o o	unnoticed	unnoticed by most of us
	✓ o o	extraordinary	heroes are selfless people who perform extraordinary
	O o O	chosen	but in what they are willing to do for
	✓ o O	cause	others and for their chosen causes.
	✓ ✓ O	inspire	inspire the rest of us.

영단어 노트 앞면. 모르는 단어와 해당 문장을 적는다. 단어를 기록한 날짜를 적는 것도 잊지 말자. 3일 동안 복습을 하려면 날짜를 적어 두어야 편리하다.

점검			단어		점검	단어
1/22	O O o	adequate		적절한	
	✓ O o	insurance		보험	
	✓ ✓ ✓	suitable		적당한	
	o O O	arising		발생하다	
	✓ ✓ ✓	cancellation		취소	
	✓ O 6	emergency		비상사태	
	O O O	departure		출발, 떠남	
1/24	O O O	adversity		불운	
	✓ ✓ ✓	performing			

영단어 노트 뒷면. 5cm정도 세로로 접어서 뒤에는 단어의 뜻을 쓰고 필요할 때 접어서 본다.

으로 쓰였는지 생각 나면 된 거다. 그래도 생각이 나지 않는다면 오른쪽 부분을 접어서 뜻을 보면 된다. 뜻이 생각나지 않았던 단어들은 문장을 여러 번 읽어서 그 단어의 '느낌'을 기억하도록 하자. 단어와 뜻을 억지로 연결하는 암기는 지겨울 뿐 아니라 효력이 오래 가지 못한다.

| **업그레이드 TIP** | 단어의 느낌을 기억하라!

'캡처(capture)'가 무슨 뜻일까? 어떤 상황에서 쓰는지는 알겠는데 한마디로 표현하지는 못하겠다고? 주눅 들 필요 없다. 논리적인 설명을 할 수 없을 뿐이니까. 사실 단어 공부는 이렇게 해야 한다. 느낌을 알아야 어느 문장에서 쓰이더라도 그 문장에 맞게 해석해 낼 수 있는 것이다. 단어 뜻은 다 아는데 해석이 안 되는 문장을 만나 본 경험이 있다면 '단어의 느낌'의 중요성을 알 것이다.

2. 수학, 연습장과 개념 노트가 아이큐보다 낫다

으~ 생각만 해도 골치 아픈 수학. 나도 수학을 그리 잘하는 편은 아니었다. 늘 열심히 하는데도 성적이 잘 오르지 않아 답답했던 과목이다. 그러나 학생들을 지도하면서부터 수학에 대한 생각이 분명하게 바뀌었다. 수학은 머리로 하는 과목이 아니라는 것! 머리가 좋은 학생이 수학을 잘하는 것은 분명하지만 그 학생은 다른 과목들도 잘하니 유독 수학만 아이큐와 연결하기는 어렵다. 나는 아이큐가 보통인 학생들이 수학 성적을 올리는 것을 수도 없이 봐왔다. 그리고 이렇게 결론 내렸다. '수학은 문제 푸는 습관과 방법만 바꿔도 충분히 잘할 수 있는 과목이다.'

하루 30분으로 수학과 친구가 되라

케이스에서 학습법 연구를 하게 되면서 여기저기에서 날아오는 개인 과외 요청이 정말 많았다. 그중에 만난 여고 2년생 J는 지인의 조카이다. 평소에 그분 덕을 많이 보아서 감사한 마음을 표현해야겠다는 생각이 들어 J를 가르치기로 했다.

여름방학이 절반쯤 지났을 때 J를 처음 만났다.

학생을 지도할 때에는 그 학생의 취향과 공부 습관, 그리고 지금까지 공부를 어떻게 해왔는지를 면밀하게 분석해야 한다. 그래야 정확한 방향 제시가 가능하기 때문이다. 그래서 J에게 몇 가지 질문을 했다.

"과외공부 해본 적 있니?"

"네, 1학년 때부터 친구랑 같이 했어요."

"그런데 왜 그만뒀어?"

"2학년이 되면서 친구는 이과를 가고 저는 문과로 왔거든요. 과외 선생님한테 영어랑 수학을 배웠는데, 선생님이 영어보다는 수학을 많이 가르쳐 주셔서요. 저는 문과라 영어도 열심히 해야 되잖아요."

수학에 별로 흥미가 없다는 이야기였다. 나의 미션이 정해졌다. '수학을 가르치긴 하되 너무 많이 가르치면 안 되며 영어 실력 향상에 힘을 써야 한다.' 난감하기도 하고 걱정스럽기도 했다. 고민에 고민을 거듭한 끝에 스스로 공부할 수 있는 적은 분량을 과제로 내주고 과제를 풀어 나가는 방법을 구체적으로 지도하는 것이 좋겠다고 결정을 내렸다.

수학 교재는《개념원리》로 택했다. 그 책이 좋아서이기도 하지만 '풀지도 않을 거면서 이책 저책 사 모으지 말고 있는 걸로나 잘해라'는 나의 지론대로 그 학생이 가지고 있는 문제집에서 고른 것이다. 학생의 목표가 수학 점수를 올리는 것이라기보다 내신 시험을 망치지 않기 바라는 정도이므로 2학기에 배울 내용을 선행학습 하기로 했다. 1학기에는 1권 뒷부분만 남겨두고 거의 다 배웠다고 했다. 진도를 기억하고 있다는 것이 대견스러웠다.

"1권 뒷부분부터 하자. 단, 원칙이 있어. 하루에 30분을 넘기면 안 돼. 핸드폰 알람으로 시간을 맞춰 두고 하루에 30분씩만 공부하는 거야."

J는 30분이라는 말에 웃었다. 그 정도면 할 수 있다는 의미였을 것이다.

"문제를 풀다가 막히면 답을 보지 말고 앞으로 돌아가 개념정리를 다시 한 번 읽어 보자. 문제를 다시 고민해 보고 조금 더 풀어 보다가 또 막히면 또 한 번 고민을 하는 거야. 30분에 한두 문제밖에 못 풀 거야. 그래도 상관없어. 연습문제는 어렵고 시간도 많이 걸리니까 개념문제만 풀고 넘어가자. 선행학습이니까 전체를 훑는다고 생각하면서 말이야."

J는 약속을 잘 지켰다. 수학 공부가 싫었던 것이 아니라 성적이 잘 나오지 않아 수학에 부담을 느꼈던 것이 문제였다는 생각이 들었다. '30분 수학 공부'를 실천하던 J는 방학이 끝날 무렵 놀랍게도 2권까지 다 풀었다. 개념문제와 확인문제만 푼 것이지만 J는 한 학기 범위를 스스로 끝냈다는 것에 엄청난 자신감을 얻었다. 수학이 싫어 과외를 그만둔 J로서는 스스로도 믿기지 않는 성공을 경험한 것이다.

개학을 하고 학교 수업이 시작되면서 나는 또 다른 방법을 제안했다.

"이제는 중간고사를 목표로 두는 거야. 앞으로 돌아가서 중간고사의 범위가 될 만한 부분을 풀자. 이번에는 연습문제만 푸는 거야. 한 번 풀긴 했어도 다 까먹었을 테니까 잘 모르는 게 당연해. 풀다가 막히면 앞으로 돌아가서 개념정리를 보고 또 풀면 돼. 할 수 있지?"

고등학생이라면 다 안다. 연습문제를 스스로 푼다는 것은 정말 힘든 일이다. 몇 문제 풀다가 어렵고 지겨워서 책을 덮은 경험이 누구에게나 있을 것이다. 중간고사를 볼 무렵 J는 중간고사 범위의 연습문제를 다 풀었다. 시험 기간에는 교과서와 학교 프린트까지 공부할 수 있게 되었다. (이때에도 역시 '하루 30분' 원칙을 지켰다.)

중간고사 결과는 놀라웠다. 유난히 어려운 두 문제만 틀리고 다 맞았다. 공부 잘하는 방법을 연구하고 가르치는 것으로 밥벌이를 하는 나로서도 이렇게 눈에 띄는 성과를 거둘 때는 당황스럽기까지 하다. 나는 문제를 함께 풀어 주거나 예상 문제를 찍어 준 적이 한 번도 없었다. 처음부터 끝까지 스스로 알아서 공부한 결과였다.

J가 느꼈을 뿌듯함과 보람을 상상해 보라. 고등학교 수준의 수학 공부는 '머리'로 하는 것이 아니다. 부단한 연습과 실천으로 충분히 최고의 성적을 거둘 수 있다.

수학에 대한 막연한 두려움을 버리자! 하루에 한 문제라도
꾸준히 풀어 보고 그 위력이 얼마나 큰지 직접 체험해 보자!

연습장에 문제 풀이의 흐름을 담아라

예전에 수학학원에서 근무할 때였다. 학원의 주요 과목이 수학이다 보니 고난이도 문제를 풀기 위해 모인 우수한 학생들부터 기본적인 계산도 어려워하는 학생까지, 그야말로 다양한 학생들이 모여들었다. 학년별로, 수준별로 다양한 학생들을 지도하면서 수학 공부에 가장 중요한 것은 '연습장'이라는 확신이 들었다.

수학책과 연습장을 함께 들고 다니는 학생은 절반도 되지 않았다. 나머지 학생들은 책의 여백에 끄적이거나 학원의 복사기 옆에 쌓아 둔 이면지를 사용하곤 했다. '이면지 연습장'은 수업이 끝나면 휴지통으로 직행한다. 하긴 연습장을 사용하는 학생들의 상황도 난감하기는 마찬가지였다. 위, 아래는 물론 앞, 뒤 구분도 하기 어려울 정도로 연습장은 정신없었다. 오, 문제 풀이의 과정을 확인할 수 있는 연습장을 보여 다오.

열심히 푼 문제를 틀렸을 때 학생들의 행동을 지켜보는 것도 재미있다. 여기에도 귀차니즘이 고개를 든다. 처음부터 다시 푸는 것이 귀찮아서 책 귀퉁이에 남아 있는 풀이의 흔적을 찾아보는 것이다. 그리고 틀린 부분을 용케 찾아내 거기서부터 다시 푼다. 연습장에 푼 학생들은 '여기 어디쯤 있을 텐데…' 하며 앞장, 뒷장을 넘겨 댄다. 풀이의 과정이 매우 길거나 복잡할수록 '흔적'을 찾으려는 노력도 더욱 절실해진다.

그런데 풀이의 과정을 정리하면서 풀어 나가면 문제를 틀렸을 경우 실수를 금방 찾아낼 수 있다. 단순한 실수라면 다행이지만 공식을 잘못 기억하고 있거나 엉뚱한 공식에 대입한 경우라면 반드시 잡아야 한다.

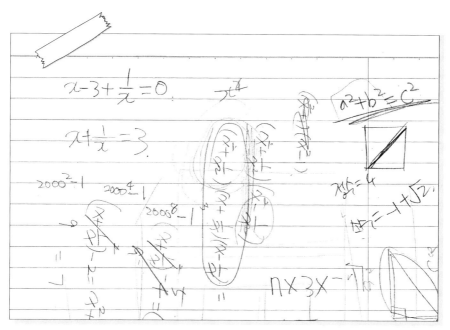

아무렇게나 풀어 놓은 수학 연습장. 문제를 푸는 동안의 사고 과정이 담겨져 있지 않은 연습장은 활용할 수가 없다.

한 번 헷갈린 공식은 두 번, 세 번 반복해서 틀릴 수 있기 때문이다. 따라서 수학을 공부할 때는 반드시 연습장을 준비해 풀이 과정을 적어야 한다. 쫀쫀하게 책 귀퉁이에 풀 생각은 지금부터 확 접어라.

과학고등학교를 많이 보내기로 유명한 경기도의 한 학원은 수학 연습장 쓰는 법이 독특하다. 그 학원에 다니는 학생들은 수학 연습장을 검사받아야 하며, 연습장에는 문제 풀이 과정이 가지런히 정리되어 있어야 한다. 실수를 쉽게 찾아낼 수 있어야 바로 그 자리에서 약점을 보완할 수 있다는 것이 지도 이념인 것이다. 조금 과장하면, 학생들의 연습장은 거의 해답지 수준이다.

자, 우리도 한번 해보자. 스프링을 왼쪽에 두고 오른쪽 면의 바깥 부분을 1/3 정도 접는다. 2/3에는 풀이 과정을 적고 1/3에는 자유롭게 계산을 하면 된다. 연습장을 가로로 놓고 쓸 때도 풀이 과정을 적는 공간과 계산을 하는 공간을 구분할 수 있다. 다만, 이때에는 접을 수가 없으니 선을 그어 구분하면 된다. 가로로 연습장을 쓰는 경우는 양 옆으로 칸을 구분하여 오른편에는 끄적끄적 계산을 하고 왼편에는 그 문제의 핵심 공식이나 틀린 이유 등을 적어 볼 수도 있다.

'연습장은 어차피 버리는 종이니 험하게(!) 써도 된다'는 생각을 하던 사람이 하루아침에 풀이 과정을 기록하는 것은 쉽지 않다. 따라서 '연습과 훈련'이 필요하다. 수학 공부를 할 때마다 풀이 과정을 진지하게 기록하도록 노력하기 바란다. '어쨌든 답만 나오면 되는 거 아냐'라든가 '빨리 풀고 다음으로 넘어가야 해'라는 자세로 수학을 대한다면, 같은 부분에서 계속 막혀 답답증을 앓게 될 것이다. 어느 수준 이상으로 성적이 오르지 않음은 물론이다. 수학 연습장에는 문제 풀이의 흐름이 보여야 한다. 즉, '내가 문제를 푸는 동안 어떤 생각의 과정을 거쳤는지'를 보여 주는 것이 수학 연습장의 역할이다.

취약한 부분은 개념 노트에 정리하라

수학이야말로 오답 노트가 절실하게 필요한 과목이다. 오답 노트에 이어 개념 노트도 만들어 보자. 수학이 취약 과목이라면 개념 노트는 필수다. 앞에서 오답 노트에 대해 말할 때 틀린 문제를 모두 오답 노트에

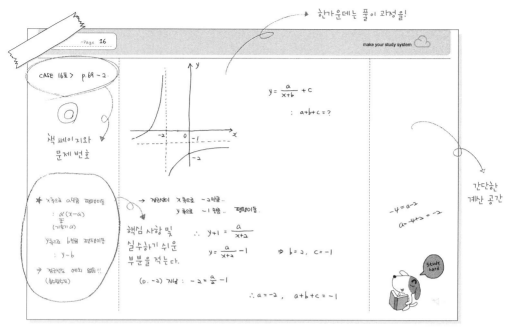

가로로 삼등분을 한 수학 연습장. 풀이 과정을 기록하는 연습장 쓰기의 내공이 조금 쌓인 후라면 반드시 시도해 보기 바란다. 한 페이지에 한 문제씩만 풀도록 하자.

올릴 필요는 없다고 했다.

그러나 학원에서 풀었던 문제나 학교에서 자습을 하면서 풀었던 문제들도 적지 않기 때문에 틀린 문제를 그냥 넘어간다는 것은 어쩐지 찜찜하다. 이런 문제들은 개념노트에 담아 보자. 틀린 문제 속에 담겨 있는 핵심 개념을 노트에 정리하는 것이다. 이때도 나의 취약점이 고스란히 담긴 문제를 잘 선별해야 한다. 평소에 자주 헷갈렸던 단원이나 공식이 있다면 제일 먼저 개념 노트를 만들어야 한다.

개념 노트에 꼭 써야 할 것은 단원명(소단원까지 분류하자)과 정리하고자 하는 수학 원리, 그에 해당하는 예제 한두 문제이다.

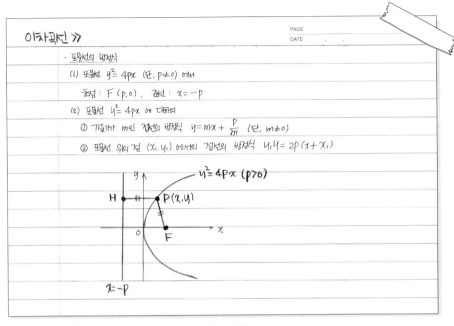

이차곡선 》

· 포물선의 방정식

(1) 포물선 $y^2 = 4px$ (단, $p \neq 0$) 에서

초점: $F(p, 0)$, 준선: $x = -p$

(2) 포물선 $y^2 = 4px$ 에 대하여

① 기울기가 m인 접선의 방정식 $y = mx + \dfrac{p}{m}$ (단, $m \neq 0$)

② 포물선 위의 점 (x_1, y_1) 에서의 접선의 방정식 $y_1 y = 2p(x + x_1)$

$y^2 = 4px$ $(p > 0)$

$x = -p$

x축, y축에 접하는 원의 방정식에 대한 개념을 정리한 노트

개념을 정리하는 것과 책의 내용을 그대로 옮겨 적는 것은 다르다. 개념 정리란 내가 다른 학생을 가르친다고 생각하고 '자기의 언어'로 개념을 적어 보는 것이다. 가장 좋은 방법은 친구들에게 그 개념을 가르쳐 보는 것이다. 짓궂은 친구들은 알면서도 모르는 척 이것저것 질문할 것이기 때문에 하나하나 방어해 나가다 보면 내가 그 개념을 제대로 알고 있는지 아닌지가 확실하게 드러난다. 안 되면 곰 인형이라도 앉혀 놓고 수업해 봐라. 그 후에 핵심 내용만 개념 노트에 적어 두면 내가 직접 정리한 것이기 때문에 나중에 봐도 기억이 금세 난다.

이렇게 개념 노트를 정리하다 보면 '숫자와 계산'에 급급한 공부가 아닌 '수학의 구조와 논리'를 생각하는 공부를 하게 된다.

공식 노트로 공식과 단위를 한 번에 정리하라

고2 여름방학, 한참 열을 올려 수학을 공부할 때였다. 도형 문제를 술술 풀고 있었는데 갑자기 사다리꼴의 넓이를 구해야 하는 난관(!)에 부딪혔다.

'엇! 사다리꼴의 넓이? 이거 초등학교 때 배운 건데? 대각선 길이를 곱하는 거였나? 아냐, 그건 마름모 구하는 방법인 거 같아. 밑변이랑 윗변이랑 어떻게 했던 거 같은데…'

이처럼 갑자기 한참 전에 배운 원리와 공식을 활용해야 하는 문제가 종종 나온다. 초·중학교 때 배운 공식들이나 단위의 변환은 고등학교의 참고서에 정리되어 있지 않기 때문에 공부를 하기도 쉽지 않다. 고등학생이나 되어서 초등학생들도 다 아는 공식을 모른다는 것도 서러운데 말이다. 이럴 때 필요한 것이 공식 노트이다.

수학에는 수많은 공식이 있다. 개념 노트를 만들 때 물론 공식도 정리하겠지만 활용되는 모든 공식을 따로 정리해 놓고 등하굣길에 틈틈이 봐두면 갑자기 공식이 생각나지 않을 때 큰 도움이 된다.

고등학교에서 배우는 공식뿐 아니라 원기둥의 부피 구하는 공식 등 초·중학교 때 배운 기초적인 공식도 정리해 두자. 기본적인 단위들, 예를 들어 1L=1,000ml 등 쉽지만 갑자기 헷갈릴 수 있는 단위들도 함께 정리해 두면 좋다. 또 각 수의 제곱수 등 계산 속도를 빠르게 할 수 있는 것들도 정리해 두고 오며가며 눈으로 익히기를 권한다. 아무것도 아닌 거 같지만 사소한 실수를 줄이고 문제 푸는 속도를 높이는 데 그만이다. 공식 정리는 초등·중등 참고서를 쌓아 두고 하루 날 잡아 하는 것이 아니다. 공부를 하면서 그때그때 나오는 것들을 모아 나가자.

3. 탐구 과목은 테마별로 정리하라

사회, 과학의 과목을 배울 때에는 단원별로 진행이 되기는 하지만 각 항목이 하나의 테마가 될 때가 많다. 공통되는 주제를 하나로 묶어 그에 관련된 이론과 그림을 모두 한 번에 정리해 보자. 예를 들어 한국 지리를 처음 배우는 단계에서는 지도와 축적, 축적과 실제 거리, 지도의 성격 등이 무지하게 헷갈린다. 다 알 것 같다가도 '다음 중 틀린 것은?'이라는 문제가 나오면 머릿속은 다시 복잡해진다. 이 경우에는 헷갈리는 것들을 한꺼번에 묶어야 한다. 헷갈리는 것들을 단원별로 정리한답시고 여기저기에 흩어 놓는 것은 매우 위험하다.

주제별 필기로 헷갈리는 내용을 잡아라

문학작품의 시대적 특징, 연대별 주요 사건의 흐름, 각종 농민 운동의 특징, 이런 것들은 한두 페이지 정도로 종합하여 적어 보는 과정이 필요하다. 그 과목의 전반적인 체계를 파악하는 데 매우 큰 도움이 된다.

　주제별 정리는 '요즘 배우는 내용이 지난 시간에 배웠던 것과 자꾸 헷갈린다' 라는 느낌이 들 때 하면 제격이다. 각 개념을 확실히 정리해 볼 수 있기 때문이다. 쉬는 토요일이 있는 주말을 이용해 충분한 시간을 가지고 정리해 보자. 곰곰이 생각하면서 정리를 하면 다음 수업 때에는 훨씬 편안해질 것이다. 그렇게 하지 않으면 수업 들을 맛도 안 나고, 자신감이 떨어져 그 과목이 부담스러워진다. 이러면서 서서히 취약 과목이 '만들어' 지는 것이다. 뭔가 아니다 싶은 생각이 들면 그 주말을 넘기지 말아야 한다. 내가 무엇 때문에 심란했는지 하나만 풀어 놓으면 그 뒤의 내용은 생각보다 쉽게 해결된다.

　참고서나 교과서를 읽는 것으로 끝내면 그것은 언제 또 까먹을지 모른다. 공부한 내용은 정리하고 체계화하여 언제라도 궁금한 사항을 찾아볼 수 있게 해야 한다. 주제별 정리는 해당 단원의 시작 부분에 한꺼번에 두세 페이지를 끼워 두어서 언제라도 다시 볼 수 있게 하자. 나중에는 앞에 써 있는 주제별 정리의 제목만 보아도 그 뒤의 내용이 무엇인지 저절로 생각나게 될 것이다.

　오른쪽 노트를 보면서 주제별 필기 요령을 살펴보자. 이 노트는 우선 필기가 깔끔하다. 왼쪽에 정리하고자 한 제목을 적고 오른쪽에 구체적 내용을 적은 점이 좋다. 하지만 아쉬운 점이 몇 가지 있다.

의정부	국정을 총괄 최고 통치 기관 (영의정 - 좌의정 - 우의정)
6조	행정 왕명을 직접받아 실행 (이-호-예-병-형-공)
삼사	지금의 언론기관 바른소리 하는 기관
	사간원: (간쟁) 바른정치를 하도록 상소
	사헌부: (감찰) 비리행정을 감찰
	홍문관: 왕문자나 하문함
승정원	왕명의 출납 왕의 비서 기관
의금부	나라의 큰 죄인을 다스린 기관
춘추관	역사 편찬을 담당 (조선 왕조실록 편찬)
성균관	최고 교육기관 (서당 → 향교 → 한양 → 성균관)
	세종이 죽고 문종이 그뒤를 이었다. 그뒤 젊어서 나이어린 세종의 큰 손자(단종)이 왕의 자리를
	이었으나 둘째 아들은 (나이어린 조카를 몰아내고 왕이됨) => 세조
세조	백성은 권력을 지키기위해 교대 징용 / 인구를 조사하고 세금을 걷을 많이 거둠
	권력의 수가 늘고 나라의 재정는 거독찼으나 백성들의 생활은 어려워지고 불만은 더욱 높아짐 =>
	=> 도적들의 수가 크게 늘어남

주제별 필기. 왼편에 핵심어를 적고 간단한 설명을 달았다. 익숙한 단어인데 생각이 안 나는 경우에는 핵심어만 죽 살펴보면서 헷갈리는 것만 구체적으로 공부하면 된다.

탐구 노트 정리 4계명

1. 단원 목차를 적도록 하자. 단원 목차가 있으면 자기가 어느 부분을 공부하고 있는지, 그것이 이전에 공부한 내용과 어떻게 연관이 되는지 그 흐름을 쉽게 파악할 수 있다.

2. 색 구분을 하자. 어떤 부분이 중요한지 한눈에 알아볼 수 있도록 중요 부분을 다른 색으로 필기하자.

3. 텍스트 이외에 도표 등을 이용해 시각화하자. 필기 상단 부분의 의정부, 승정원 등은 조선 시대 중앙정부의 체계이다. 단순히 텍스트만 적지 말고 왕 밑의 정치 체계를 교과서에 나와 있는 대로 도표

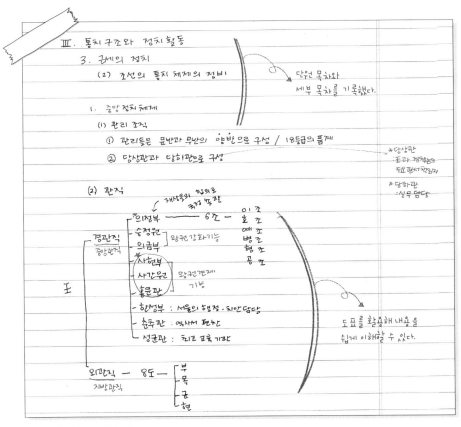

Ⅲ. 통치 구조와 정치 활동

3. 근세의 정치

(2) 조선의 통치 체제의 정비 → 단원 목차와 세부 목차를 기록했다.

1. 중앙 정치 체제

(1) 관리 조직

① 관리들은 문반과 무반의 양반으로 구성 / 18등급의 품계

② 당상관과 당하관으로 구성

*당상관
:조과 정책논의
주요 관서 책임자

*당하관
:실무 담당

(2) 관직

재상들의 합의로 국정 총괄

경관직
중앙관직 ─ 의정부 ──── 6조 ── 이조
─ 승정원 호조
─ 의금부 왕권강화기능 예조
─ 사헌부 병조
─ 사간원 왕권견제 행조
─ 홍문관 기능 공조
─ 한성부 : 서울의 행정·치안담당
─ 춘추관 : 역사서 편찬등
─ 성균관 : 최고 교육 기관

도표를 활용해 내용을 쉽게 이해할 수 있다.

외관직 ─ 8도 ── 부
지방관직 목
군
현

4계명이 적용된 노트

로 정리하고 그 옆에 보충 설명을 해 두면 훨씬 기억에 잘 남을 것이다.

4. 한 줄씩 띄어 보자. 앞의 필기에서 성균관 그 다음에 나오는 세조는 전혀 다른 주제이다. 이럴 땐 1~3줄 정도 띄어 주자. 나중에 추가 내용을 추가해야 할 때 용이할 것이고 또 너무 빽빽한 느낌이 들지 않아 보기에도 편안할 것이다.

비교 노트로 기억력을 강화하라

의원내각제와 대통령제의 차이, 하안단구와 해안단구의 차이를 묻는 문제들은 그 내용을 배울 당시에는 쉽게 답할 수 있겠지만 한 학기가 지나고 1년이 지난 후에는 쉽게 정답을 골라내기 어렵다. 나중에는 언제 무슨 과목에서 배웠는지조차 가물가물해진다. 분명 선생님은 두 가지를 비교해서 가르쳐 주셨겠지만 대입을 보기까지는 1~2년이나 남아 있어 그 내용을 기억하기가 쉽지 않다.

이러한 내용들은 매우 중요하고 함축적이기 때문에 표로 만들어 두어야 한다. 학교에서 받은 프린트물이나 문제집의 요약정리 부분에 친

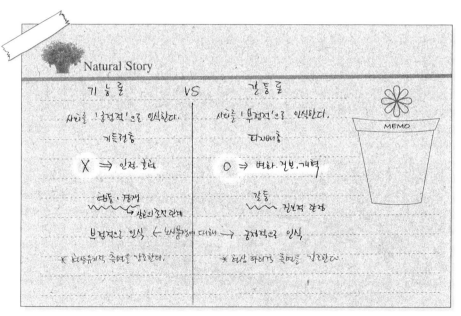

기능론과 갈등론을 정리한 비교 노트. 한눈에 개념을 파악할 수 있다.

절하게 소개되어 있는 표를 그대로 옮겨 적으라는 말이 아니다. 표를 하루에 다 완성하지 않아도 좋다. 공부를 해 나가면서 차이점과 공통점을 추가하고 지우는 과정을 반복하며 '나만의 비교표'를 만들어 보자.

중요한 두세 가지 개념을 적고 그 아래에 공통점과 차이점의 항목을 추가해 꾸준히 표를 완성해 나가면 된다. 틀린 문제를 통해 차이점을 또 하나 알게 되었다면 그때 또 한 줄을 채우면 된다. 그런 식으로 오랜 시간에 걸쳐 완성되는 표들은 절대 잊혀지지 않는다. 이 비교표는 해당 단원의 가장 앞에 끼워 두어서 시험 당일에 빠르게 훑어볼 수 있도록 하자.

이미지 노트로 쉽고 빠르게 이해하라

고등학교 1학년 때 지리 선생님 별명이 '리틀 장동건'이었다. 장동건보다 체구가 약간 작을 뿐 외모가 흡사하여 여학생들의 마음을 무척이나 설레게 하셨다. (이하 장동건 선생님이라고 부르겠다.) 게다가 총각 선생님이고, 아이들 말로는 정말 실력 있는 선생님이라고 했다.

나도 선생님을 많이 좋아했다. 하지만 다른 아이들과 달리 선생님의 수업은 정말 싫어했다. 나는 그림, 지도, 도표보다 책을 읽거나 필기를 하는 등 글씨를 이용해 공부하는 것을 선호했는데, 우리 장동건 선생님께서는 지리 선생님이라 그러신 건지 수업이 한번 끝나고 나면 칠판 처음부터 끝까지 무슨 병풍을 그려 놓고 나가셨다.

내가 3학년이 되던 해 선생님께서 결혼을 하시면서 다른 지역으로 전근을 가셨다. 그제야 난 장동건 선생님의 진행 방식이 소중함을 깨달았다. 새로운 지리 선생님은 그림을 별로 그리지 않고 주로 텍스트만 가지고 수업을 하셨는데, 전에는 잘 이해되던 것들이 텍스트로 다가오자 혼란스러워지기 시작했다.

이런 이유에서 '이미지 노트'가 필요하다. 사회탐구 영역은 이미지(사진, 그림, 지도 등)가 매우 중요하다. 또한 수능이나 모의고사에서도 알 수 있듯이 거의 모든 문제에 이미지 자료가 동반된다. 과학탐구 영역도 마찬가지이다. 지구 내부의 구조와 지각의 구조를 말로 듣는 게 쉽겠는가, 그림으로 보는 게 쉽겠는가? 따라서 탐구 영역을 공부할 때는 개념 이해를 위해 이미지 노트를 만드는 것이 매우 중요하다.

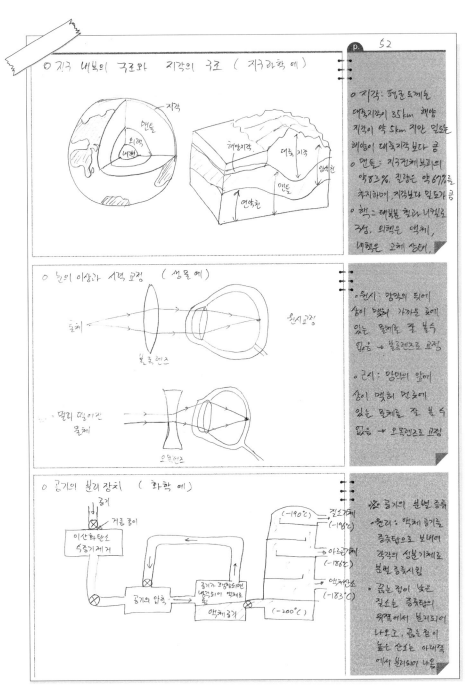

○ 지구 내부의 구조와 지각의 구조 (지구과학 예)

지각
맨틀
외핵
내핵

해양지각
대륙지각
암석권
맨틀
연약권

○ 지각 : 평균 두께는 대륙지각이 35km 해양지각이 약 5km 지안 일도는 해양이 대륙지각 보다 큼
○ 맨틀 : 지구전체 부피의 약 83%, 질량은 약 67%를 차지하여 지각보다 밀도가 큼
○ 핵 : 대부분 철과 니켈로 구성, 외핵은 액체, 내핵은 고체 상태.

○ 눈의 이상과 시력 교정 (생물 예)

물체
볼록 렌즈
원시교정

· 멀리 떨어진 물체
오목렌즈

○ 원시 : 망막의 뒤에 상이 맺혀 가까운 곳에 있는 물체를 잘 볼수 없음 → 볼록렌즈로 교정

○ 근시 : 망막의 앞에 상이 맺혀 먼 곳에 있는 물체를 잘 볼 수 없음 → 오목렌즈로 교정

○ 공기의 분리 장치 (화학 예)

공기
거름 종이
이산화탄소 수증기제거
공기의 압축
공기가 팽창하면 냉각되어 액체로 됨
액체공기
(-190℃) 질소기체 (-196℃)
(-200℃)
(-186℃) 아르곤기체 (-186℃)
액체산소 (-183℃)

※ 공기의 분별 증류
· 원리 : 액체 공기를 증류탑으로 보내어 각각의 성분 기체로 분별 증류시킴

· 끓는 점이 낮은 질소는 증류탑의 위쪽에서 분리되어 나오고, 끓는점이 높은 산소는 아래쪽에서 분리되어 나옴

내가 직접 그리고 정리했기 때문에 그림만 봐도 어떤 지식이 담겨 있는지 직감적으로 알 수 있다. 그림을 그리는 부분과 기록을 하는 부분이 구분되어 있어 훨씬 깔끔하다.

이미지 노트는 어떻게 만들어야 할까? 먼저 노트는 줄이 있는 노트보다 줄이 없는 스프링 노트가 좋다. 그리고 노트의 오른쪽을 1/3가량 접는다. 그러면 왼쪽에 2/3만큼의 공간이 있고 오른쪽에 1/3만큼의 공간이 생길 것이다. 왼쪽에는 필요한 그림을 그리고, 오른쪽에는 그림에 대한 보충 설명과 이 그림에서 꼭 알아야 할 내용들을 적는다. 그림 위에는 단원과 그림의 주제를 적어야 한다.

한 가지 덧붙이자면, 탐구 영역에서 자료를 공부할 때는 반드시 교과서를 이용하라는 것이다. 내용은 참고서에도 똑같이 나오지만, 자료만큼은 교과서가 가장 풍부하다. 수능에 사용되는 대부분의 자료도 교과서에서 발췌한 것이다.

흐름을 살려서 정리하라

국사의 경우 현재 사용되는 7차 교과서가 시간의 흐름이 아닌 주제별로 서술되어 있기 때문에 흐름 파악이 어려울 수 있다. 이때는 나만의 연표를 만들거나 주제별로 흐름을 정리해 놓으면 좋다(뒷장 노트 참조).

국사뿐 아니라 합리적 의사 결정 과정이나 실험의 순서 등 흐름을 기억해야 할 내용들은 직접 화살표를 그어 가며 정리해 보자. 이렇게 흐름을 기억하고 있으면 순서를 뒤섞은 문제, 순서의 중간에 빈칸을 채우는 문제, 단계별 특징을 다르게 연결해 놓은 문제 등 다양한 유형의 변형 문제를 손쉽게 정복할 수 있다. 흐름 공부를 한 후 각 단계의 핵심어만 익혀 둔다면 나머지 세부 내용은 저절로 기억날 것이다.

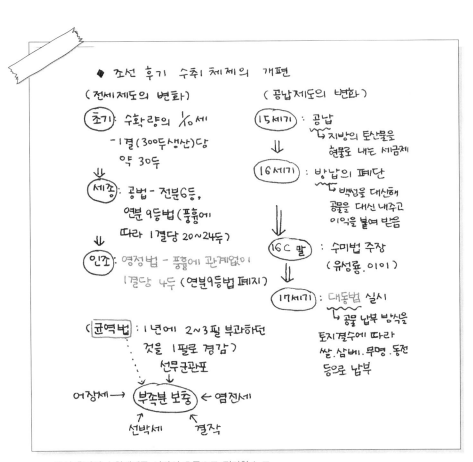

◆ 조선 후기 수취 체제의 개편

(전세제도의 변화)

(초기): 수확량의 1/10세
- 1결(300두생산)당
약 30두

↓

(세종): 공법 - 전분6등,
연분 9등법(풍흉에
따라 1결당 20~24두)

↓

(인조): 영정법 - 풍흉에 관계없이
1결당 4두 (연분9등법 폐지)

(균역법): 1년에 2~3필 부과하던
것을 1필로 경감)
결작 선무군관포

어장세 → (부족분 보충) ← 염전세
↑ ↑
선박세 결작

(공납제도의 변화)

(15세기): 공납
└ 지방의 특산물을
현물로 내는 세금제

↓

(16세기): 방납의 폐단
└ 백성을 대신해
공물을 대신 내주고
이익을 붙여 받음

↓

(16C 말): 수미법 주장
(유성룡. 이이)

↓

(17세기): 대동법 실시
└ 공물 납부 방식을
토지결수에 따라
쌀.삼베.무명.동전
등으로 납부

조선 후기의 수취체제를 시간의 흐름으로 정리한 노트.

4. 논리적인 사고를 기록하라

사설 노트로 '일석 삼조'의 효과를 누려라

지금은 대학생이 된 J는 고등학교 시절 언어 학원을 다녔었다. J는 스스로 공부하는 시간을 더 중요하게 여겨 학원 다니는 것을 꺼려했지만, 어디서 소문을 듣고 오셨는지 어머니의 권유(?)에 못 이겨 자의 반 타의 반으로 잠시 동안 학원을 다녔다.

선생님은 아이들에게 신문 사설 노트를 만들게 하고 가끔 검사를 했다. 당시 J는 고교 언어올림피아드에 학교 대표로 출전할 정도로 언어 영역에 자신이 있었기 때문에 그런 쓸데없는 짓을 꼭 해야 하나 생각했다. 그런데 최근 들어 그 방법이 매우 훌륭한 언어 공부법이라는 것을 알았다. 세 가지 효과를 한 번에 얻을 수 있기 때문이란다.

첫째로는 신문을 읽으니 시사에 밝아진다는 점이다. 고등학생 때 공부를 핑계로 신문을 읽지 않는 친구들이 많은데, 매일은 아니더라도 일주일에 두세 번 약간의 시간을 내어 신문을 읽는 것은 매우 유익하다. 세상 돌아가는 일을 알 수 있을 뿐만 아니라 세상을 보는 안목이 조금씩 쌓여 훗날 논술, 구술 및 심층 면접에서 톡톡히 발휘되기 때문이다. 사설 노트를 만들다 보면 요즘 화두가 무엇인지도 알 수 있고, 그에 대한 관점을 만들어 가는 데도 도움이 된다.

둘째로, 언어 영역 지문 독해에 도움이 된다. 사설을 읽을 때 비문학 지문을 읽는다 생각하고 시간을 정해 읽어 보자. 사설은 아주 쉬운 것도 있지만 이해하기 어려운 내용도 많다. 어려운 글을 이해하는 데 익숙해지고 나면 비문학 지문 정도는 쉽게 읽을 수 있을 것이다.

셋째, 어려운 어휘를 정리할 수 있다. 어휘는 외국어 영역에서만 필요한 것이 아니다. 오히려 언어 영역의 어휘가 더 어렵고 헷갈린다. 더구나 최근 수능에서 어법·어휘 등 쓰기 부문이 강조되면서 어휘는 더욱 중요해졌다. 하지만 언어 영역의 어휘를 따로 공부하기에는 시간도 부족하고 그 양도 너무 방대하다. 따라서 사설을 읽으며 모르는 어휘를 정리하면 큰 도움이 된다.

사설 노트는 이렇게 만들어 보자. 우선 신문의 사설 면을 쭉 살펴보고 마음에 드는 사설 한 가지를 정한다. 평소 관심 있던 주제나 최근에 크게 화제가 된 이야기가 좋다. 사설을 한 번 읽어 보고 생각을 정리한 다음에 연습장에 오려 붙이고 날짜와 출처를 쓴다. 그런 다음 간단한 내용 요약과 자신의 생각을 간략히 적어 보자. 다음은 어휘를 정리할 차례이다. 다시 한 번 사설을 읽으며 형광펜이나 색연필로 확실하게 알고 있

과거의 망령 되살리는 검찰의 '부적절한 수사'

군사독재정권 시절 이른바 시국사건이 발생하면 관계기관대책회의라는 게 열렸다. 말이 좋아 대책회의지 사실은 어떤 수단 방법을 동원해서라도 정권을 유지하려는 부도덕한 '밀실 흉계 凶計'에 지나지 않았다. 물론 당시 안기부와 검찰 등이 '공안 사령부'를 자임하곤 했다.

검찰이 지난해 여름 포항건설노조 파업 당시 파업근로자에 대한 노동부의 실업급여 지급을 제지하는 등 심각한 월권을 저질렀다고 한다. 보도에 따르면 검찰은 노동부가 파업노동자들에게 실업급여를 지급하자 "임단협 합의안 찬반투표에 영향이 있으니 향후 실업급여 지급을 중단하고 지급된 실업급여를 환수하라"는 의견을 노동부에 전달했다는 것이다. 검찰은 또 노조원들의 결집을 막기 위해 시위 중 사망한 노조원 하중근씨의 부검 장소를 옮기는 '시신 이송 移送' 계획을 세우기도 했다는 소식이다. 이와 함께 검찰은 '외부 세력 개입시 형사처벌한다'는 기본방침을 정하고 민주노동당 단병호 의원 등 주요 인사의 집회 참가

횟수, 발언 내용 등을 면밀하게 수집했다고 한다.

물론 노동부는 실업급여를 환수하지 않았으며, 검찰의 시신 이송 계획도 계획에 그쳤을 뿐 실현되지 않았다고 한다. 그러나 가장 대표적인 법집행기관인 검찰이 실업급여 지급이라는 합법적 행정 행위를 막으려 시도했다는 사실은 놀랍기만 하다. 실업급여는 근로자가 실직할 경우 일정 기간 동안 실직자와 그 가족의 생활안정 및 원활한 구직활동을 위해 국가가 지급하는 고용보험사업의 하나이다. 실직한 근로자를 도와주지는 못할망정 '쪽박'마저 깨려한 검찰의 발상은 도대체 어디에서 연유하는가. 수사편의를 위해 근로자와 그 가족의 생계수단을 짓밟으려 한 검찰의 처사는 비난받아 마땅하다.

검찰은 과거 권위주의 정권때나 있음직한 시대착오적인 발상과 자세를 버려야 한다. 지난날 권위주의 정권 시절의 관계기관 대책회의를 연상케 하는 검찰의 '공안몰이'는 있을 수도 없고, 있어서도 안된다.

〈내용요약〉 검찰이 포항건설노조 파업 당시 파업근로자에 대한 노동부의 실업급여을 제지하는 등 심각한 월권을 저질렀다. 실업 급여는 근로자를 위한 국가 고용 보험 사업인데, 이를 막는 검찰은 비난 받아 마땅하다. 검찰은 과거 권위주의 정권의 시대착오적 발상을 버려야 한다.

〈한줄생각〉 최근 검찰이 막대한 권력을 행사한다든지, 협박 수사를 한다든지의 일들을 구설수에 자주 오르는 것 같다. 아직도 과거 권위주의 정권의 사고를 버리지 못하고 있는 것 같다. 정의를 위해 존재하는 검찰이 하루 빨리 변해야겠다!

〈어휘정리〉

시국 (명) 현재 당면한 국내 및 국제 정세나 대세

흉계 (명) 흉악한 계략

월권 (명) 자기 권한 밖의 일에 관여함

이송 (명) 1. 다른 데로 옮겨 보냄 ── 사법에서 쓰인 뜻
　　　　 2. 〈法〉 법원이 재판에 의하여 소송 사건을 다른 법원으로 옮김

연유하다 (동) 어떤 일이 거기에서 비롯되다.

평소 관심이 있었거나 최근에 크게 화제가 된 주제를 고르는 게 좋다.

지 않은 단어에 밑줄을 긋는다. 그리고 사전을 찾아 단어의 뜻을 적어 놓는다.

이렇게 정리한 사설 노트는 등하교 시간이나 쉬는 시간 등 자투리 시간에, 아니면 자습 시간에 집중이 잘 안 될 때를 이용해 틈틈이 읽어 두면 좋다. 어느새 늘어난 어휘 실력과 시사에 밝아진 자신의 모습에 감탄하게 될 것이다.

이 정도는 이미 마스터한 수준이라면 조금 더 욕심을 부려 보자. 내용을 요약한 후 주제를 한 문장으로 적는 것이다. 또 각 문단별로 주제문에 밑줄을 긋고 요약해 보고, 각 문단의 관계를 도표로 만들어 볼 수도 있다. 주제문 찾는 훈련이 되기 때문에 언어영역 비문학 파트의 독해 실력 향상에 좋다.

쓸 내용이 늘어날 테니 이렇게 정리해 보자. 왼쪽 면에는 사설을 붙이고 그 밑에 어휘를 정리한다. 오른쪽 면에는 주제문 적기, 각 문단 요약하기, 각 문단의 관계 도표로 그리기, 내용 요약하기, 내 생각 적기를 한다. 나의 생각을 적을 때에는 논술을 염두에 두어야 한다. 자세히 적되 적기 전에 개요를 작성해서 서론, 본론, 결론의 완전한 글 형태로 적어 본다면 논리적 사고력은 물론, 문어체의 문장력도 훈련할 수 있어 아주 좋다. 매일 하기 힘들다면 1~2주에 한 번이라도 좋다.

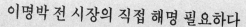

이명박 전 시장의 직접 해명 필요하다

1. 유력한 대선 주자인 이명박 전 서울시장의 도덕성과 관련된 의혹이 증폭되고 있다. '15대 총선 선거법 위반 재판 당시 이전시장 측이 거액을 주면서 위증을 교사했다'는 의혹을 제기했던 김유찬씨는 어제 다시 기자회견을 갖고 관련 자료들을 제시했다. 이전시장 측으로부터 돈을 받은 일시와 장소 등이 적힌 내역서와 이전시장 측이 건넸다는 법정 예상 질문서 등을 공개했다. 김씨는 또 "이전시장 측의 교사로 이종찬 전 국민회의 부총재 측과의 '3억원 거래설'에 대해 법정에서 허위증언했다"는 새로운 주장도 폈다. 사실이라면 하나같이 파렴치한 범죄행위다.

2. 이전시장 측은 김씨의 주장을 강력 부인하면서 박근혜 전 대표 측의 배후설을 흘리고 있다. 박전대표 측은 배후설을 반박하면서 이전시장의 직접 해명을 촉구하고 있다. 우리는 한나라당 대선 후보 진영간의 배후설, 음모설 같은 정치공학적 공방에는 관심이 없다. 중요한 것은 이전시장의 도덕성과 관련된 의혹이 구체적으로 제기되고, 관련 자료들이 제시되었다는 점이다. 이전시장은 현재로선 가장

유력한 대선주자이기에 그와 관련된 의혹들은 한나라당 내부의 문제에만 머물지 않는다. 대통령으로서 자질과 도덕성을 갖추고 있는지를 국민들이 제대로 판단하기 위해서는 관련 의혹들의 진상이 철저히 규명되어야 한다.

3. 한나라당은 경선준비위원회에서 후보 검증을 하겠다고 밝힌 바 있다. 당연히 김씨가 제기한 의혹들에 대해 검증을 해야 할 터이다. 김씨는 이전시장 측이 위법사실이 밝혀질 것을 우려해 전직 보좌관 2명에게 입단속을 종용하고 있다면서, 관련 내용이 담긴 녹취록 테이프를 당에 제출하겠다고 밝혔다. 당장에 이들 보좌관만 조사해도 긴요한 증언을 확보할 수 있을 것이다. 의혹의 당사자인 이전시장도 소이부답(笑而不答) 식의 대응으로 일관해서는 안된다. 자신의 도덕성과 직결된 의혹이 제기되고, 국민적 관심이 커지고 있는 데도 웃어 넘기기만 한다면 공인으로서 자세가 아니다. 제기된 의혹들에 대해 해명할 게 있으면 해명하고, 부인할 게 있으면 부인하는 것이 대통령이 되겠다고 나선 사람으로서 국민에 대한 도리이다.

〈어휘 정리〉

위증 (명) 1. 거짓으로 증명함. 또는 그런 증거
　　　　　 2. (법률) 법률에 따라 선서한 증인이 허위 증언을 하는 일. 는 무증

교사 (명) 남을 꾀거나 부추겨서 나쁜 짓을 하게 함

파렴치 (명) 염치를 모르고 뻔뻔스러움.

규명 (명) 어떤 사실을 자세히 따져서 바로 밝힘

종용 (명) 잘 설득하고 달래어 권함.

소이부답 웃기만 하고 대답을 하지 않음.

사설을 붙이고 어휘를 정리한 왼쪽 페이지. 최근 수능에서는 어휘가 더욱 중요해졌다.

⟨주제 운적기⟩ 문단 1 - 유력한 대선 주자 이명박 전 서울 시장의 도덕성 관련
　　　　　　　　의혹이 증폭되고 있다.

　　　　　　문단 2 - 대통령으로서 자질과 도덕성을 판단하기 위해 관련 의혹들
　　　　　　　　진상이 철저히 규명돼야 한다.

　　　　　　문단 3 - 이명박 전 서울 시장은 대선 주자로서 제기된 의혹에
　　　　　　　　대해 해명 혹은 부인해야 한다.

⟨문단 요약⟩ 문단 1 - 유력한 대선 주자 이명박 전 서울 시장의 도덕성 관련
　　　　　　　　의혹이 증폭되고 있다. 문제를 제기한 김유찬 씨가
　　　　　　　　추가로 자료를 제시하고, 새로운 주장을 펼쳤다.

　　　　　　문단 2 - 이전 시장 측은 김 씨의 주장을 강력 부인하며 박근혜
　　　　　　　　대표 측의 배후설을 흘리고 있다. 하지만 중요한 것은 두
　　　　　　　　진영의 정치적 공방이 아니라, 이전 시장의 관련 의혹들
　　　　　　　　철저히 규명돼야 한다는 것이다.

　　　　　　문단 3 - 한나라당 경선준비위원회에서 후보 검증을 통해 김 씨가
　　　　　　　　제기한 의혹을 검증하고 이 전 시장도 해명 혹은
　　　　　　　　부인해야 한다.

⟨문단 관계⟩

문단1　　문단 2　　문단3　　→ 숫자가 점차 발전되어간다.

문제제기　문제상황 비평　직접적 주장
　　간접적 주장　　중심 문단!

⟨내용 요약⟩ 대선 주자 이명박 시장의 도덕성 관련 의혹이 제기되고 있다. 이 전시
　　　　측은 배후설을 흘리는 정치 공방이 아닌 직접적 해명 혹은 부인을
해야 한다.

⟨한 줄 생각⟩ 한 나라의 대통령이 되겠다는 사람이 자신과 관련한 도덕적
　　　　문제를 해결하지 않고 낯빛만 하는 것은 용납할 수 없다.
이 전 시장은 어서 진실을 규명하고, 의혹을 풀어야 할 것이다.

사설 노트의 오른쪽 페이지. 나의 생각을 적을 때는 논술을 염두하시.

독서 노트로 자신의 생각과 느낌을 써 보라

독서 노트를 쓰는 일은 얼핏 보면 정말 시간 낭비인 것 같다. 노트 정리할 시간에 차라리 책을 한 권 더 읽는 게 낫다는 생각 때문일 것이다. 하지만 책만 많이 읽는다고 사고력이 향상되는 것은 아니다. 책만 읽어서는 읽은 내용을 다 기억하기도 어렵다. 독서 전문가인 모티머 아들러는 책을 읽을 때 스스로 질문을 던지며 답을 찾으라고 했다. 이런 능동적인 책읽기의 일환으로 독서 노트 작성을 꼽을 수 있다.

독서 노트를 작성하면 적극적으로 내용을 이해할 수 있다. 나중에 이 책의 내용으로 어떻게 쓸지 생각하면서 글을 쓴다면 논술에 큰 도움이 된다. 아는 게 있어야 글도 쓸 수 있는 법이다. 게다가 글을 쓰기 위한 지식은 하루아침에 형성되는 것이 아니므로 독서 노트는 미래를 대비한 훌륭한 학습 방법이다.

또한 독서 노트는 당장 언어영역 공부에 도움이 된다. 특히, 현대소설을 읽고 쓴 짤막한 독서 노트는 방대한 현대소설을 나만의 방식으로 체계적으로 정리할 수 있게 해준다. 이렇게 스스로 정리한 내용은 절대 잊히지 않는다.

그러면 독서 노트는 어떻게 작성해야 할까? 줄거리와 느낌을 쓰는 것만으로는 부족하다. 물론 자신만의 방법을 계발하는 것이 가장 좋겠지만, 보편적으로 사용할 수 있는 효과적인 작성법을 소개해 보려 한다.

우선 줄거리 쓰기는 생략하자. 줄거리를 써 보는 것도 나쁘진 않지만 꼭 해야 하는 것은 아니다. 단순하게 줄거리를 쓰는 것보다는 줄거리와

삼포가는 길 / 황석영

• 느낀점

"내 이름은 백화가 아니에요. 본명은… 이점례에요."
내가 가장 인상깊게 읽은 구절이다. 영달, 백화, 정씨가 함께 길을 가다가
백화가 헤어질 무렵에 낸 말이다. 이들은 처음엔 서로 마음을 내보이지
않았지만 동행 과정에서 서로에게 연민을 느낀다. 여기서 산업화에 소외된
사람들간에 연대의 정을 느낄 수 있었다. 요즘 많은 사람들이 살기
어렵다고들 한다. 이는 물론 사회 전반적인 문제도 있겠지만, 사람들
사이에 정이 부족해서 그런 것같기도 하다. 어려운 시기 타개를 위해
우리도 서로 정을 주고 받아야 겠다.

• 내용꼬기

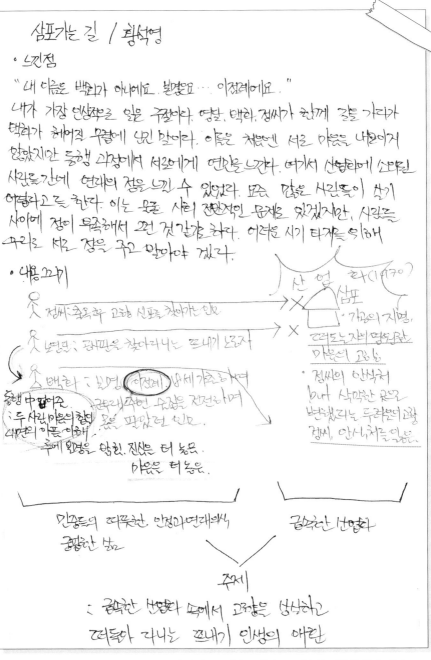

정씨: 출옥 후 고향 삼포를 찾아가는 인부

영달: 공사판을 찾아다니는 뜨내기 노동자

백화: 본명 (이점례) 색시. 가출하여
관리직공인 순경을 전전하며 몸을 팔았던 인물

산 업 화(1970)
× 삼포 · 가공의 지명.
건강도느끼는명일로한 마음의 고향

· 정씨의 안식처
but 삭막한 곳으로
변했다는 두려움에 영달,
백화, 안식처를 잃음.

동행 中 맘이 수
: 두 사람 마음의 화합
서면의 이픔 이유가
후에 화영을 알힌. 진심을 터 놓음.
마음은 터 놓음.

민중들의 따뜻한 인정과연대에서
공감한 낳고

급속한 산업화

주제
: 급속한 산업화 속에서 고향을 상실하고
떠돌아 다니는 뜨내기 인생의 애환

느낌을 쓰고 책 내용을 그림으로 표현한 점이 돋보인다. 소설의 구조와 중요 내용을 알 수 있다.

관련하여 자신의 생각과 느낌을 써 보는 것이 좋다. 줄거리는 남의 글을 요약하거나 베끼면 그만이지만 내 생각과 느낌은 스스로 사고할 때 얻어지기 때문이다.

둘째로 책 전체의 내용을 그림으로 표현해 보는 것이다. 특히 소설의 경우 아무리 길더라도 이야기 흐름에 큰 줄기가 있다. 그 줄기를 그림으로 표현하고 주변에 부연 설명을 다는 것이다. 인물 관계 구조도라든지 상징적이었던 표현에 대해서 말이다. 감이 잘 오지 않는 친구를 위해 노트를 하나 공개한다.

이 노트는 J가 썼던 노트이다. 책을 읽어도 머리에 남는 것이 없다며 고민하던 J는 결국 소설 내용을 그림으로 그리기 시작했다. 사실 그림이라기보다는 대략의 구조도와 같다. 그리고 나면 그 소설의 구조가 보이고 중요한 내용이 무엇인지, 특징적인 표현이 무엇이었는지 감이 온다는 것이다.

위의 예에서는 등장인물 세 명이 모두 삼포를 향해 가고 있는 것으로 보인다. 백화는 도중에 다른 곳으로 갔지만 세 인물이 바라보는 방향은 모두 같다. 하지만 끝까지 삼포를 찾아간 두 인물의 화살표를 따라가 보면 결국 X표가 그려져 있다. 삼포라는 마을이 없기 때문이다. 삼포는 1970년대 산업화로 인해 사라졌으며, 실재하는 것이 아닌 마음속의 안식처라는 부연 설명이 붙어 있다. 이를 통해 전반적인 내용을 알 수 있다.

뿐만 아니라 백화가 본명을 밝히는 것, 영달이 백화를 업어 줬던 상징적인 사실들에 대한 설명도 나와 있다. 이 소설의 상징성을 알 수 있는 필기이다. 노트 끝에는 소설의 주제가 기록되어 있다.

이런 노트는 책만 읽어서는 만들 수 없다. 책 한 권을 읽고 그 책에 대해 진지하게 생각해 보고 다른 해설서 등을 읽어 보고 난 뒤에야 만들 수 있는 노트이다. 물론 약간의 노력이 필요하다. 하지만 본인이 이해한 것을 본인의 말로 썼기 때문에 이 독서 노트는 세상에 둘도 없는 참고서이다. 책을 읽으면서, 노트를 작성하기 위해 생각하면서, 노트를 작성하면서, 그리고 노트를 다시 읽어 보면서 내용을 이해하고 완벽하게 마스터할 기회를 갖는 것이다. 여러분들도 세상 최고의 참고서를 갖고 싶지 않은가? 자신만의 독서 노트를 지금 만들어 보자!

마인드맵 노트로 논리적 연결을 시도하라

마인드맵을 활용한 기록은 비즈니스와 자기계발 등 많은 분야에 쓰이고 있으며, 그 성과와 효율이 엄청나서 세계적으로 사용되고 있다. 마인드맵은 생각의 구조를 가시적으로 표현하게 하여 사고의 확장을 도와준다.

학습과 관련해서는 여러 가지 잔 지식을 암기해야 하는 탐구과목에 활용해 보면 좋다. 사소한 것들까지 한꺼번에 묶어둘 수 있기 때문이다.

모의고사에서 '총체론적 관점'이라는 말이 나왔다고 하자. 많이 들어본 것 같은데 단원은 물론이요, 어느 과목에서 배웠는지도 헷갈린다. 그러나 그동안 마인드맵으로 잔가지까지 스스로 적어 보았다면 '총체

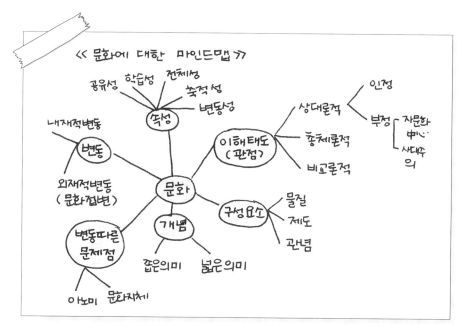

'문화' 의 개념을 마인드맵으로 정리했다. 3~4주에 걸쳐 배운 내용을 한눈에 보이도록 핵심어만 구조화시켜 놓은 점이 훌륭하다.

론적 관점'은 '문화를 보는 관점' 중의 하나라는 것을 금세 떠올릴 수 있을 것이다.

　마인드맵의 방법으로 수업 내용을 정리하면 복습이 쉬워진다. 나의 생각을 토대로 작성해 나간 것이므로 굵직굵직한 핵심어들만 보아도 그에 해당하는 살(세부 내용)이 자동으로 떠오른다.

　마인드맵으로 논술의 개요를 작성해 볼 수도 있다. 가운데에 제목을 쓰고 서론, 본론, 결론으로 가지를 친다. 본론의 문단을 2~3개로 나눌 것이라면 본론의 하위에 또다시 두세 개의 가지를 치면 된다. 논술을 쓸 때 가장 어려운 점 중의 하나가 여러 가지 생각이 한꺼번에 떠올라 어떻게 해야 할지 혼란스럽다는 것인데, 마인드맵을 이용하면 서론부터 개요 작성을 해야 하는 부담에서 벗어날 수 있다. '머릿속에 떠다니는 아이디어를 어디에 배치하면 좋을지'만 고민하면 되기 때문이다. 개요 작성을 하겠다고 종이 위에 '서론'이라는 두 글자만 달랑 써 두고 멍 하니 앉아 있었던 경험이 있지 않은가? 논제에 대한 생각은 서론부터 체계적으로 떠오르는 것이 아니기 때문에 자신의 사고가 체계적이지 않다고 한탄할 필요가 없다. 생각이 떠오르는 대로 마구 나열해 보는 것이 더 좋다.

학생들에게 마인드맵의 형식으로 기록해 보라고 하면 다들 당황해한다. 열과 줄에 맞춘 가지런한 필기에 익숙해진 나머지 사방으로 뻗어나가는 마인드맵이 마냥 어색한 것이다. 하지만 조금만 익숙해지면 이 녀석의 매력에 푹 빠지고 말 것이다.

처음 시작이 어려운 법이니, 교과서의 목차 부분부터 펴자. 대단원을 가운데 두고 3~4개의 소단원을 사방으로 적어 보라. 소단원 안에 들어가는 세부 목차를 다시 잔가지로 그리면서 나의 생각이 꼬리를 이어가는 대로 마인드맵을 완성시키면 된다. 생각의 구조는 꼬리에 꼬리를 물고 끝없이 뻗어나갈 것이니 시작이 거창하지 않다고 해서 불안해할 필요는 전혀 없다!

모든 학생은 성적을 올릴 권리가 있다

나는 케이스 스카이멘토에서 학습법을 연구하고 공부 콘텐츠를 개발하며 브레인 역할을 도맡아 했다. 자연스럽게 수많은 학생들의 이야기를 듣게 되는데, 놀랍게도 많은 학생들이 자신의 성적에 은근히 만족하고 있다는 사실을 알게 되었다. 성적이 오를 수 있는 방법을 제시하고 그 학생에게 딱 맞는 공부 방법과 실천 방법까지 다 가르쳐 주어도 "정말 이렇게 하면 성적이 올라요?"를 연발할 뿐 당장 실천하려고 노력하지는 않는 것이다. 성적에 대한 고민이 습관이 되고 생활이 되어 버려 내가 진짜 성적을 올리고 싶어하는 건지 본인도 어리둥절한 것 같다.

성적 향상을 '의무사항'으로만 여긴 탓은 아닐까? 생각을 바꿔 보자. 모든 사람은 '성공할 권리'가 있으며 모든 학생은 '성적을 올릴 권리'가 있다. 내가 추구하고 욕심 부리는 만큼 성적은 오르게 되어 있다.

　성적을 올릴 수 있는 여러 가지 방법 중 이 책에는 '노트'에 관한 공부 방법을 담았다. 내신과 수능 중 어느 하나 버릴 수 없는 현 교육상황에서 어떻게 노트를 활용하는 것이 가장 효율적인지를 고민하고 고민한 끝에 만들어 낸 책이다. 내 손으로 직접 기록하고 내가 세운 기준대로 분류를 하는 작업은 그 분류의 기준이 무엇이든, 기록의 상태가 어떠하든 분명 나의 실력을 높여 줄 것이다. '이렇게 하는 것이 맞나?' 라는 고민을 시작했다면 이미 반 이상은 성공한 것이다. '이렇게 하는' 과정을 이미 스스로 실천하고 있기 때문이다.

　이 책의 내용대로 따라하든지 이 내용 중 마음에 드는 일부만 자신의 것으로 만들든지 그것은 각자가 선택할 몫이다.

　중요한 것은 당장 오늘부터 실천하는 것이다!

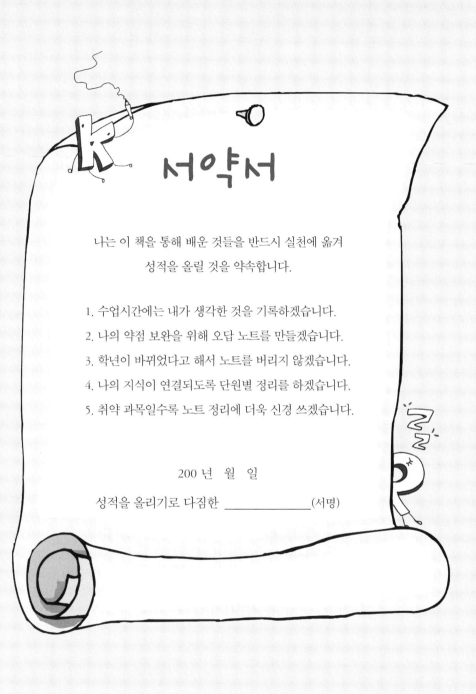

서약서

나는 이 책을 통해 배운 것들을 반드시 실천에 옮겨
성적을 올릴 것을 약속합니다.

1. 수업시간에는 내가 생각한 것을 기록하겠습니다.
2. 나의 약점 보완을 위해 오답 노트를 만들겠습니다.
3. 학년이 바뀌었다고 해서 노트를 버리지 않겠습니다.
4. 나의 지식이 연결되도록 단원별 정리를 하겠습니다.
5. 취약 과목일수록 노트 정리에 더욱 신경 쓰겠습니다.

200 년 월 일

성적을 올리기로 다짐한 _____(서명)

부록 공부 달인들의 노트 비법

다른 애들은 노트 필기를 어떻게 하나~ 구경 한번 해
야겠지? 매우 까다로운 심사를 거쳐서 선별한 노트
들이니까 눈 크게 뜨고 살펴보자.

심사 기준이 뭐냐고? '자신만의 공부 방법이 노트에
녹아 있느냐' 하는 거지. 이 노트가 왜 훌륭한지, 실
력 향상과 어떻게 연결되는지 생각하면서 보도록 하
자. 나의 노트와 뭐가 다른지도 찾아보면서 말이야.
참! 부록은 이럴 때 읽어도 좋아.

  ◎ 힘차게 출발했지만 어느새 이도저도 귀찮을 때
  ◎ 본문에서 읽은 노트 정리 비법이 가물가물할 때
  ◎ 시간은 없는데 내용을 다시 보고 싶을 때

부록 한 번만 훑어봐도 내용을 기억할 수 있을 거야.

❶ 백문이 불여일견. 그림, 그래프, 도표를 활용하라

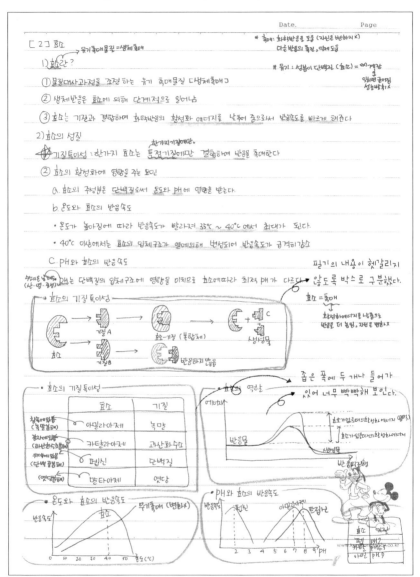

꼼꼼필기의 달인 정선이의 생물 노트

그림이나 도표, 그래프는 문장으로 읽는 것보다 학습 시간을 단축시켜 주고 효율 면에서도 뛰어나다.

과학은 '백문이 불여일견'이라는 말이 딱 들어맞는 과목이다. 아무리 상세하게 설명을 하여도 그림이나 사진으로 한 번 보는 것이 더욱 효과적이다. 정선이는 이 점을 잘 살렸는데 아쉽게도 노트를 너무 아껴(?) 썼다. 필기와 그림, 추가 필기 등을 좁은 공간에 하다 보니 너무 빽빽하다. 그림은 좌우로 배치하지 말고 노트 반 페이지에 그림 하나 정도로 여유롭게 필기하도록 하자.

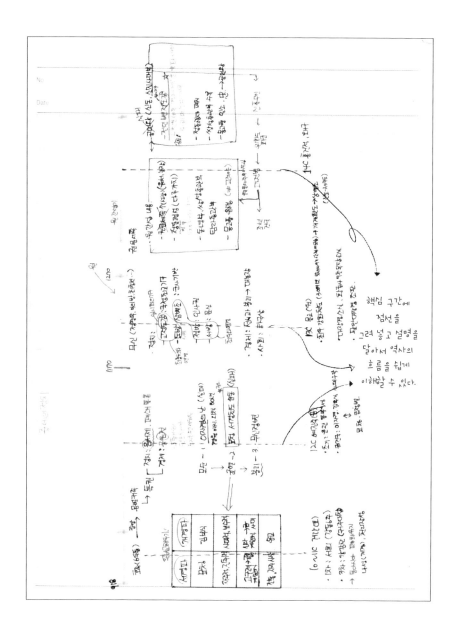

국사의 달인, 동근이의 **국사 노트**

세계사와 국사는 시간의 흐름에 따라 단원이 나뉘기 때문에 연대표가 기본이다. 핵심이 되는 구간에 점선을 긋고 해당 내용을 나열하여 일목요연하다. 연대표는 여러 번 그려 보는 것이 좋다. 단원이 끝날 때마다 앞서 배웠던 내용들을 정리하며 연대표를 그려 보면 역사의 흐름을 통합적으로 이해할 수 있다. 머릿속으로 순서를 생각하는 것보다 학습 효과가 훨씬 크다.

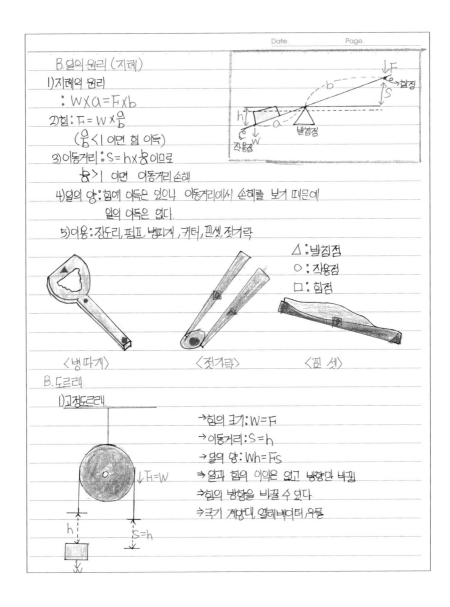

B.일의 원리 (지례)

1)지례의 원리
: $W \times a = F \times b$

2)힘: $F = W \times \frac{a}{b}$
($\frac{a}{b} < 1$ 이면 힘 이득)

3)이동거리 : $S = h \times \frac{b}{a}$ 이므로
$\frac{b}{a} > 1$ 이면 이동거리 손해

4)일의 양 : 힘에 이득은 있으나 이동거리에서 손해를 보기 때문에
일의 이득은 없다.

5)이용 : 장도리, 펌프, 병따개, 커터, 핀셋, 젓가락

△ : 받침점
○ : 작용점
□ : 힘점

〈병따개〉   〈젓가락〉   〈핀 셋〉

B.도르래

1)고정도르래

→ 힘의 크기 : $W = F$
→ 이동거리 : $S = h$
→ 일의 양 : $Wh = Fs$
→ 일과 힘의 이득은 없고 방향만 바꿈
→ 힘의 방향을 바꿀 수 있다.
→ 국기 게양대, 엘레베이터, 우물

$\downarrow F = W$

h $S = h$

W

핵심 요약의 달인, 경준이의 과학 노트

참고서의 그림이 무색할 정도다. 경준이의 내공이 발휘되는 부분은 그림이 많이 필요한 과학 노트에서이다. 도르래, 지레의 원리와 비의 생성 과정은 그림 없이 이해하기 어렵기 때문에 선생님들도 그림을 그려 가며 설명하신다. 다양한 색을 활용하여 시각적 효과를 높인 점이 돋보인다.

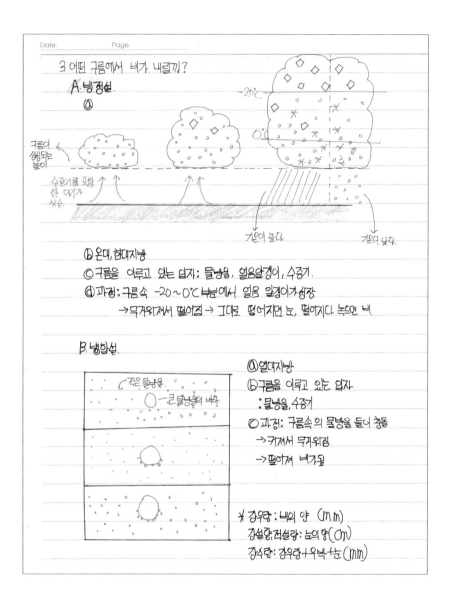

3 어떤 구름에서 비가 내릴까?

A. 빙정설
ⓐ

구름이 생성되는 높이

수증기를 포함한 대기가 상승

-20℃

0℃

기온이 높다.

기온이 낮다.

ⓑ 온대, 한대지방

ⓒ 구름을 이루고 있는 입자: 물방울, 얼음알갱이, 수증기.

ⓓ 과정: 구름속 -20~0℃ 부분에서 얼음 알갱이가 성장
→ 무거워져서 떨어짐 → 그대로 떨어지면 눈, 떨어지다 녹으면 비.

B. 병합설

작은 물방울.
큰 물방울의 낙하

ⓐ 열대지방

ⓑ 구름을 이루고 있는 입자
: 물방울, 수증기

ⓒ 과정: 구름속의 물방울 들이 충돌
→ 커져서 무거워짐
→ 떨어져 비가됨

✳ 강우량: 비의 양 (mm)
강설량, 적설량: 눈의 양 (cm)
강수량: 강우량+우박+눈 (mm)

대부분의 학생들이(특히나 중학생들은) 그림 그리기에 정신이 쏠려 그림을 왜 그렸는지는 뒷전일 경우가 많은데, 경준이는 그림과 해당 설명을 잘 정리했다.

＊제곱근의 성질 (3)

$$\frac{\sqrt{a}}{\sqrt{b}} = \sqrt{\frac{a}{b}}$$

↳ a>0, b>0 일때

공식과 문제 사이, 문제와 문제 사이를
한 줄 이상씩 떠어 글씨가 큰데도
내용이 한눈에 들어온다.

문제 5) (1) $\sqrt{\frac{35}{7}} = \sqrt{\frac{35}{7}}$
$= \sqrt{5}$

(2) $\frac{\sqrt{72}}{\sqrt{6}} = \sqrt{\frac{72}{6}}$
$= \sqrt{12}$

(3) $\frac{\sqrt{48}}{\sqrt{3}} = \sqrt{\frac{48}{3}} = \sqrt{16}$
$= 4$

(4) $\sqrt{40} \div \sqrt{5} = \sqrt{\frac{40}{5}}$
$= \sqrt{8} = 2\sqrt{2}$

(5) $\sqrt{50} \div \sqrt{2} = \frac{\sqrt{50}}{\sqrt{2}} = \sqrt{25}$
$= 5$

(6) $\sqrt{2} \div \sqrt{18} = \sqrt{\frac{2}{18}} = \sqrt{\frac{1}{9}} = \frac{1}{3}$

이처럼 풀이
과정을 한눈에
볼 수 있어야
한다.

문제 6) (1) $\sqrt{3} \times \sqrt{30} \div \sqrt{5}$
$= 3\sqrt{10} \div \sqrt{5}$
$= 3\sqrt{2}$

(2) $2\sqrt{3} \times 3\sqrt{2} \div \sqrt{6}$
$= 6\sqrt{6} \div \sqrt{6}$
$= 6$

(3) $5\sqrt{3} \div \sqrt{6} \times \sqrt{2}$
$= \frac{5}{\sqrt{2}} \times \sqrt{2}$
$= 5$

(4) $\sqrt{12} \div \sqrt{3} \times (-2\sqrt{3})$
$= \sqrt{4} \times (-2\sqrt{3})$
$= -4\sqrt{3}$

＊분모의 유리화

∴ 분모가 무리수 일때 분모를 유리수로 고치는 것

ex) $\frac{b}{\sqrt{a}} = \frac{b}{\sqrt{a}} \times \frac{\sqrt{a}}{\sqrt{a}} = \frac{b\sqrt{a}}{a}$

문제 7) (1) $\frac{6}{\sqrt{2}} = \frac{6}{\sqrt{2}} \times \frac{\sqrt{2}}{\sqrt{2}} = \frac{6\sqrt{2}}{2} = 3\sqrt{2}$

(2) $\frac{\sqrt{10}}{2\sqrt{5}} = \frac{\sqrt{10}}{2\sqrt{5}} \times \frac{\sqrt{5}}{\sqrt{5}} = \frac{5\sqrt{5}}{10} = \frac{\sqrt{5}}{2}$

(3) $\frac{\sqrt{3}}{\sqrt{8}} = \frac{\sqrt{3}}{2\sqrt{2}} = \frac{\sqrt{3}}{2\sqrt{2}} \times \frac{\sqrt{2}}{\sqrt{2}} = \frac{\sqrt{6}}{4}$

핵심 요약의 달인, 경준이의 **수학 개념 노트**

수학 공식을 박스에 넣고 그 공식을 활용하는 문제들을 아래에 적었다. 문제의 큰 번호는 **빨간색**, 작은 번호는
파란색, 문제는 볼펜, 답과 풀이는 연필로 써서 내용이 한눈에 들어온다. 경준이의 수학 노트는 수학 개념서라
고 할 수 있다. 정석이나 개념 원리 등 수학의 개념서들의 원리를 직접 적용한 것이다. 이 과정을 직접 손으로
정리하는 것은 수학의 기초를 다지기에 더할 나위 없이 좋다. 취약한 단원이 있다면 이렇게 정리해 보자.

❷ 나만의 참고서를 만들어라

Date.   Page

[2] 신경과 호르몬의 조절작용

1] 뉴런

① 신경세포체와 신경돌기 (축색돌기, 수상돌기)로 구성

     a. 수상돌기 - 다른 뉴런의 자극을 받는다

     b. 축색돌기 - 자극을 다른 뉴런에 전달한다.

     c. 시냅스 - 뉴런과 뉴런의 연결부위

       ✱ 아세틸콜린 - 시냅스에서 신경전달물질

② 신경계의 구조적 기능적 기본단위

③ 감각뉴런, 운동뉴런, 연합뉴런 등이있다

     a. 운동뉴런: 중추의 명령을 반응기 (근육)에 전달

     b. 연합뉴런: 중추신경을 구성하고 감각뉴런과 운동뉴런을 연결

     c. 감각뉴런: 감각기에서 받아들인 자극을 중추 (뇌, 척수)에 전달

2] 신경계

① 중추신경계 : 뇌 와 척수

② 말초신경계

     a. 체성신경계 : 뇌신경 12쌍, 척수신경 31쌍

     b. 자율신경계 : 교감신경, 부교감신경

```
                    신경계
          ┌───────────┴───────────┐
      중추신경계                 말초신경계
     ┌────┴────┐          ┌──────────┴──────────┐
    뇌       척수      체성신경계          자율신경계
                      ┌────┴────┐      ┌──────┴──────┐
                    뇌신경   척수신경   교감신경      부교감신경
```

3] 중추신경계

① 뇌 : 대뇌, 간뇌, 중뇌, 소뇌, 연수로 구성

     a. 대뇌 : 사고, 판단, 감각, 수의운동의 중추, 조건반사를 담당한다

     b. 소뇌 : 평형감각, 근육운동의 중추

     c. 간뇌 : 자율신경의 중추로, 혈당량, 체온 등 조절

     d. 중뇌 : 안구운동, 동공반사의 중추

     e. 연수 : 호흡운동, 심장박동, 소화운동, 침삼키기와 흡흡사나의 중추

② 척수 - a. 뇌와 감각기, 운동기 사이의 흥분전달 통로

       b. 무릎반사와 회피반사의 중추

꼼꼼필기의 달인, 정선이의 생물 노트

수업시간에 필기한 내용과 추가로 기입한 내용이 잘 정리되어 있다. 정선이는 노트 필기를 한 번에 끝내지 않는다. 수업시간에 필기를 하고 색연필로 주요 내용을 표시한 후 연필로 내용을 추가하거나 관련 그림을 그려 놓았다. 시험공부를 하거나 다른 문제집을 공부하면서 관련 내용을 노트 하나로 모아 가는 것이다. 자신에게 필요한 내용을 넣고 빼는 과정을 반복하면서 만든 '정선이만을 위한 참고서'다. 계속 추가해 나가야 하므로 노트에 여백을 충분히 두어야 한다.

< 7. What Can I Do? >

① 현재진행형

He is wearing a blue shirt

I am playing soccer now

He is eating lunch now

We are watching TV now

They are playing treasure hunt now.

> 현재 무엇을 하고 있는지 말할 때는
> 「주어 + be동사의 현재형 + 동사원형 -ing ~」
> 형태의 현재진행형을 쓴다.

② There is ~ / There are ~.

There is a clock on my desk.

There are books on the table.

Is there a TV set in the room?

- Yes, there is. / No, there isn't

> There + be동사 ~ 에서 be동사 뒤에 오는
> 말이 단수일 때는 There is, 복수일 때는
> There are 를 쓴다.

< 8. Two Presents in One >

① 조동사 can (~할 수 있다)

I can play the piano.

I can't use a computer

> 「can+동사원형」은 '~할 수있다'의 뜻이고,
> 「can't + 동사원형」은 '~할수없다'는 뜻이다.

② 감탄문

How wonderful it is!

What a nice boy he is!

> 놀람이나 감탄을 나타내는 경우에는 「How+형용사
> (+주어+동사)!」 + 「what+(a can) +형용사+
> 명사(+주어+동사)!」의 형태를 표현한다.

영어 문법의 달인, 윤지의 영어 노트

윤지는 영문법의 공부 범위를 교과서에 나오는 문법 내용들로 한정하고 1과부터 12과까지 나오는 모든 문법 내용을 노트에 따로 정리했다. 내신은 물론 수능 시험의 범위도 '중고등학교의 학과 과정'을 넘을 수 없기 때문. 제목에 문법 설명이 없다는 점이 특이하다. 그 대신 예문 중에 해당 문법이 적용된 부분을 파란색으로 적었다. 예문을 보면서 감각적인 문법 공부를 하는 것이다. 한 단원이 끝날 때마다 이렇게 정리해 보자.

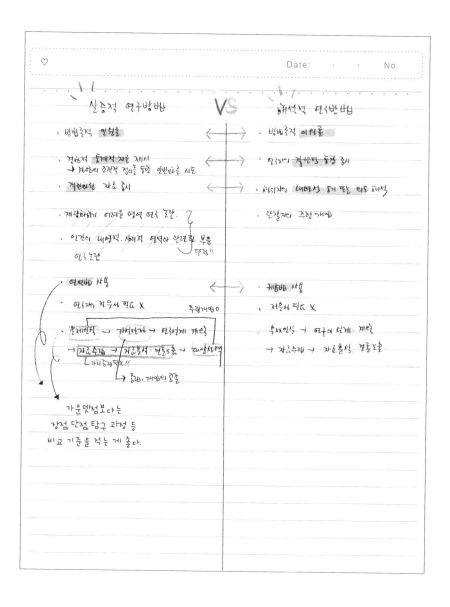

정확한 개념 이해의 달인, 도연이의 비교 노트

이런 문제는 "객관화된 자료를 중시하는 것은 해석적 방법의 오랜 전통이다"라는 식으로 함정을 많이 파기 때문에 시간이 지날수록 헷갈린다. 그래서 주제별로 만들어 놓은 비교 노트가 필요하다. 추가되는 내용이 나올 때마다 찾아서 추가하도록 하자. 같은 내용을 같은 줄에 비교한 것도 돋보인다. 또 색의 구분으로 중요 부분이 눈에 잘 띄도록 한 점도 좋다.

③ 귀찮고 성가신 과목, 이렇게 정리하자

어렵고 지겨운 경제를 실생활과 연결한 슬아의 **경제 노트**

내용으로 봐서는 경제 노트인데 신문 스크랩이 등장하고 슬아의 생각이 적혀 있는 걸 보니 논술 노트인 거 같기도 하고…. 표지를 다시 보고서야 경제 노트란 걸 알 수 있었다. 필기 내용은 여느 경제 노트와 다를 바가 없다. 경제는 현 상황에 적용해 내지 못하면 어렵고 지겨운 '이론'에 불과하기 때문에 나름의 지혜가 필요하다. 수업의 내용과 현실의 경제를 유기적으로 연결하여 공부하는 아주 좋은 예이다.

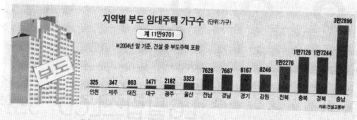

지역별 부도 임대주택 가구수 (단위:가구)

계 11만9701

※2004년 말 기준, 건설 중 부도주택 포함

인천	제주	대전	대구	광주	울산	전남	경남	경기	강원	전북	충북	경북	충남
325	347	803	1471	2182	3323	7628	7667	8167	8246	1만2276	1만7126	1만7244	3만2896

자료:건설교통부

임대아파트 부도로 경매 넘어가면

세입자에 우선매수권

낙찰대금 저리로 대출

이르면 9월부터 부도난 공공임대아파트가 경매에 들어가면 세입자들에게 먼저 사들일 수 있는 '우선 매수권'이 주어진다. 경락(경매 낙찰) 대금이 모자라면 국민주택기금에서 대출받을 수 있다.

건설교통부는 7일 이해찬 국무총리 주재로 열린 국무회의에서 이 같은 내용의 부도 임대아파트 조치 방안을 확정, 발표했다. 이에 따르면 정부는 ① 임차인 상당수가 분양을 원할 경우 경매를 중단하고 ②경매에 참여하는 임차인에게 우선 매수권을 주며 ③불가피하게 퇴거당하는 경우 국민임대주택 우선 입주권 등을 줄 방침이다.

정부는 특히 임대아파트가 이미 경매를 통해 다른 사람 손에 넘어가는 바람에 살 곳이 없어진 저소득층 임차인에 대해 국민임대아파트 등에 입주할 기회를 주거나 연 1%의 최저리 주택자금을 빌려주기로 했다.

정부는 경락 자금과 분양 전환 자금을 지원하기 위해 다음달부터 국민주택기금 대출 한도를 늘리고 금리도 현행 연 5.2%에서 3%로 낮추기로 했다.

정부가 확정한 부도 임대아파트 대책을 문답으로 알아본다.

－임차인에게 우선 매수권을 주면 왜 임차인의 피해가 줄어드나.

"감정가격이 1억원, 시세는 이보다 높은 1억5000만원이고 국민주택기금 대출금 4000만원과 임대보증금 5000만원이 들어 있는 임대아파트를 예로 들어보자. 제3자인 A가 감정가격의 65%인 6500만원에 경락하면 임차인 B는 채권순위에서 기금 대출금 4000만원에 밀리면서 2500만원만 받게 된다. 임대보증금 5000만원 가운데 2500만원은 떼이는 것이다. 그러나 B가 직접 6500만원에 경락받으면 1억5000만원짜리 집을 경락가 6500만원, 다른 사람이 같은 가격에 경락받았다면 잃는 임대보증금 2500만원 등 총 9000만원에 매입하는 것이 된다. 경락가와 시세 간 차액, 즉 시세차익으로 임차인의 보증금 손실이 메워지는 셈이다."

－경매에 참여하지 않아도 우선 매수권이 인정되는가.

"임차인도 경매에 꼭 참여해야 한다. 임차인이 경락자가 되면 최선이다. 우선 매수권은 임차인이 경락자가 되지 못했을 때 다른 경락자의 가격에 먼저 살 수 있는 기회를 주는 것이다."

－그렇다면 제3자의 경락 기회를 박탈하는 것 아닌가.

"미리 우선 매수권자가 있다는 것을 알리기 때문에 문제될 게 없다. 오히려 경매 참여를 가급적 억제해 임차인에게 경락 기회를 부여하자는 정책 취지에 부합된다."

허귀식 기자
ksline@joongang.co.kr

(손글씨 메모)

수업 내용과 관련된 신문 기사

수업의 내용과 연관되는 부분에 밑줄이 그어져 있다. 그 밑에는 이 기사가 '경제 주체의 상호관계'와 관련해 어떤 의미를 갖는지, 슬아의 생각은 무엇인지 등이 간략히 적혀 있다. 신문 기사를 보고 단 한 문장이라도 나의 생각을 정리해 보는 것은 논리적 사고력을 키우는 데 도움이 된다. 그 점에서 모든 학생들에게 이 방법을 적극 추천한다.

12 성악곡과 기악곡

1) 성악의 연주 형태
①독창 : 한 사람이 노래하는 것
②제창 : 같은 가락을 여럿이 함께 노래하는 것
③중창 : 두 사람 이상이 서로 다른 가락을 동시에 노래하는 것
④돌림노래 : 같은 가락을 일정한 사이를 두고 뒤따라 노래하는 것
⑤합창 : 여러 사람이 두 성부 이상으로 나누어 각기 다른 가락을 함께 노래하는 것
※혼성 4부 합창 : 소프라노, 알토, 테너, 베이스

2) 기악의 연주 형태
①독주 : 혼자서 악기를 연주하는 것
②중주 : 두 사람 이상이 각기 다른 악기로 연주하는 것
●현악 3중주 : 바이올린, 비올라, 첼로
●피아노 3중주 : 피아노, 바이올린, 첼로
●현악 4중주 : 현악 3중주+제2바이올린
●피아노 4중주 : 피아노 3중주+비올라
③관악 합주 : 목관악기, 금관악기, 타악기로 편성
④현악 합주 : 현악기로만 편성
⑤관현악 합주 : 현악기, 관악기, 타악기로 편성된 규모가 가장 큰 형태이며 교향곡, 교향시, 오페라, 서곡 등의 연주 형태

3) 성악곡의 종류
①민요 : 민중들 사이에서 구전되어 오랫동안 불리어 온 노래이다.
②가곡(Lied) : 예술적인 노래로서 1절, 2절과 같이 절이 있는 유절 가곡과 긴 가사로 된 통절 가곡이 있다.
③오페라(Opera) : 음악으로 이루어진 극을 말하며 서곡, 레시터티브, 아리아 등으로 구성된다.
④종교 음악 : 미사곡, 오라토리오, 진혼곡, 교성곡(칸타타) 등

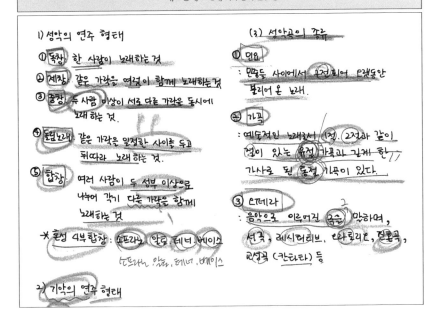

귀찮은 암기 과목을 손쉽게 해결하는 아해의 **연습장**

음악이나 미술, 체육 등의 과목은 대부분 선생님이 주시는 프린트물의 내용으로 시험을 본다. 범위가 한정되어 있기 때문에 단기간에 얼마나 꼼꼼하게 외우느냐가 시험 결과를 좌우한다. 아해는 프린트의 내용을 서너 번 읽어 완전히 숙지한 후 바로 연습장에 적어 본다.

검정색 펜으로 필기하면서 한 번, 쓴 것을 읽으면서 자주색 펜으로 중요 내용을 표시하며 한 번, 연필로 한 번, 색연필로 또 한 번, 이렇게 같은 내용을 네 번을 복습한다. 연필과 색연필 표시는 시험 전날이나 시험 시작 바로 전에 밑줄이나 동그라미 정도로만 표시를 하며 빠른 속도로 훑어본 흔적이다.

과거의 망령 되살리는 검찰의 '부적절한 수사'

군사독재정권 시절 이른바 시국사건이 발생하면 관계기관대책회의라는 게 열렸다. 말이 좋아 대책회의지 사실은 어떤 수단 방법을 동원해서라도 정권을 유지하려는 부도덕한 '밀실 흉계'에 지나지 않았다. 물론 당시 안기부와 검찰 등이 '공안 사령부'를 자임하곤 했다.

검찰이 지난해 여름 포항건설노조 파업 당시 파업근로자에 대한 노동부의 실업급여 지급을 제지하는 등 심각한 월권을 저질렀다고 한다. 보도에 따르면 검찰은 노동부가 파업노동자들에게 실업급여를 지급하자 "임단협 합의안 찬반투표에 영향이 있으니 향후 실업급여 지급을 중단하고 지급된 실업급여를 환수하라"는 의견을 노동부에 전달했다는 것이다. 검찰은 또 노조원들의 결집을 막기 위해 시위 중 사망한 노조원 하중근씨의 부검 장소를 옮기는 '시신 이송' 계획을 세우기도 했다는 소식이다. 이와 함께 검찰은 '외부 세력 개입시 형사처벌한다'는 기본방침을 정하고 민주노동당 단병호 의원 등 주요 인사의 집회 참가

횟수, 발언 내용 등을 면밀하게 수집했다고 한다.

물론 노동부는 실업급여를 환수하지 않았으며, 검찰의 시신 이송 계획도 계획에 그쳤을 뿐 실현되지 않았다고 한다. 그러나 가장 대표적인 법집행기관인 검찰이 실업급여 지급이라는 합법적 행정 행위를 막으려 시도했다는 사실은 놀랍기만 하다. 실업급여는 근로자가 실직할 경우 일정 기간 동안 실직자와 그 가족의 생활안정 및 원활한 구직활동을 위해 국가가 지급하는 고용보험사업의 하나이다. 실직한 근로자를 도와주지는 못할망정 '쪽박'마저 깨려던 검찰의 발상은 도대체 어디에서 연유하는가. 수사권의를 위해 근로자와 그 가족의 생계수단을 짓밟으려 한 검찰의 처사는 비난받아 마땅하다.

검찰은 과거 권위주의 정권때나 있음직한 시대착오적인 발상과 자세를 버려야 한다. 지난날 권위주의 정권 시절의 관계기관 대책회의를 연상케 하는 검찰의 '공안몰이'는 있을 수도 없고, 있어서도 안된다.

〈내용요약〉 검찰이 포항건설노조 파업 당시 파업-근로자에 대한 노동부의 실업급여를 제지하는 등 심각한 월권을 저질렀다. 실업 급여는 근로자를 위한 국가 고용 보험 사업인데, 이를 막은 검찰은 비난 받아 마땅하다. 검찰은 과거 권위주의 정권의 시대착오적 발상을 버려야 한다.

〈한 줄 생각〉 최근 검찰이 막대한 권력을 행사한다든지, 협박 수사를 한다든지의 일들은 구설수에 자주 오르는 것 같다. 아직도 과거 권위주의 정권의 사고를 버리지 못하고 있는 것 같다. 정의를 위해 존재하는 검찰이 하루 빨리 변해야겠다.

〈어휘 정리〉
　시국 (명) 현재 당면한 국내 및 국제 정세나 대세
　흉계 (명) 흉한 계략
　월권 (명) 자기 권한 밖의 일에 관여함
　이송 (명) 1. 다른 곳으로 옮김 법에서 쓰인 뜻
　　　　　2. 〈법〉 법원이 재판에 의하여 소송 사건을 다른 법원으로 옮김.
　연유하다 (동) 어떤 일이 거기에서 비롯되다.

---

❹ 과목별 노트 다시 보기

날짜 2006. 4. 10. 관련교재 아하 용선 포인트　　　 p. 14　　　 p. 11

2. 영양소와 건강

　　□ 영양소의 종류

　　　　① 주영양소

　　　　　　체내에서 에너지원이나 구성물질로 쓰임　　　　　　　예) 탄수화물, 지방, 단백질

　　　　② 부영양소

　　　　　　몸을 구성하거나 생리 기능을 조절　　　　　　　　　예) 비타민, 무기염류, 물

　　　②'주영양소의 구조와 기능

　　　　① 탄수화물 : C. H. O로 구성, 기본 단위는 단당류

　　　　　　· 주로 에너지원 (4kcal/g)으로 사용　　　　　→ 리보스, 데옥시리보스

　　　　　　· 단당류 : 탄수화물의 기본 단위, 탄소수에 따라 (5탄당) (6탄당)→ 포도당, 과당, 갈락토오스

　　　　　　· 이당류 : 두 개의 단당류가 글리코시드 결합에 의해 연결　　→ 엿당, 젖당, 설탕

　　　　　　· 다당류 : 여러 개의 단당류가 글리코시드 결합으로 연결된
　　　　　　　　　　고분자 물질. 주로 에너지의 저장 형태　　　→ 녹말, 글리코겐, 셀룰로오스 등

　　　　② 단백질 : C. H. O. N으로 구성, 펩타이드 결합

　　　　　　　　배열 순서에 따라 단백질 종류 결정

　　　　　　· 에너지원 (4kcal/g)으로 이용, 몸을 구성하는 주성분
　　　　　　　생리기능 조절

　　　　　　· 필수 아미노산 : 아미노산 종류에서 체내에서 충분하지 않아
　　　　　　　　　　　반드시 음식물로 섭취해야 하는 종류

· 1일 대사량
　　· 몸에 필요한 최소 에너지량
　　· 기초대사량과 활동대사량의 합

아미노산의 분자구조

R (곁사슬)
　　　　　　│　　　　　　O
H₂N ─── C ── C
아미노기　　│　　　　＼ OH
　　　　　　H　　　　카르복시기

Point

1. 들여쓰기를 하여 단원의 흐름을 볼 수 있도록 한다.
2. 오른쪽 공간과 아래쪽 공간을 비워 두어 보충 설명이나 추가 필기 공간으로 활용한다.

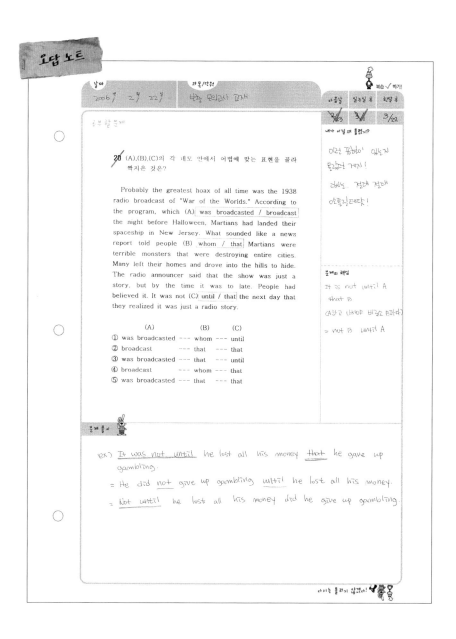

오답 노트

공부할 문제

20 (A),(B),(C)의 각 네모 안에서 어법에 맞는 표현을 골라 짝지은 것은?

Probably the greatest hoax of all time was the 1938 radio broadcast of "War of the Worlds." According to the program, which (A) was broadcasted / broadcast the night before Halloween, Martians had landed their spaceship in New Jersey. What sounded like a news report told people (B) whom / that Martians were terrible monsters that were destroying entire cities. Many left their homes and drove into the hills to hide. The radio announcer said that the show was just a story, but by the time it was to late. People had believed it. It was not (C) until / that the next day that they realized it was just a radio story.

	(A)	(B)	(C)
①	was broadcasted	whom	until
②	broadcast	that	that
③	was broadcasted	that	until
④	broadcast	whom	that
⑤	was broadcasted	that	that

내가 어떻게 틀렸지?

이런 표현이 있는지
몰랐던 거지!
대신 절대 절대
안틀리겠다!

문제의 해설
It is not until A
that B
(A랑 B 내야 비교 B한테)
= not B until A

ex) It was not until he lost all his money that he gave up gambling.
= He did not give up gambling until he lost all his money.
= Not until he lost all his money did he give up gambling.

다시는 틀리지 않겠다!

Point

1. 한 페이지에 한 문제만 정리한다.
2. 틀린 이유를 분석하고 문제 풀 당시의 잔상을 기록한다.
3. 복습 일자를 적어 복습을 한 뒤에는 해당 단원의 필기 노트 뒤에 끼워 둔다.

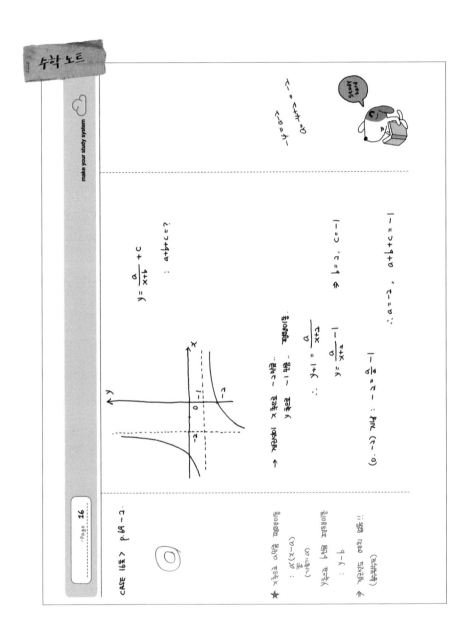

Point

1. 문제집의 출처와 페이지를 적는다.
2. 문제를 풀 때는 풀이 과정을 일목요연하게 적는다.
3. 계산하는 공간을 따로 둔다.

삼포가는 길 / 황석영

• 느낀점

"내 이름은 백화가 아니에요. 본명은요… 이점례예요."

내가 가장 인상깊게 읽은 구절이다. 영달, 백화, 정씨가 함께 길을 가다가 백화가 헤어질 무렵에 남긴 말이다. 이들은 처음엔 서로 마음을 내보이지 않았지만 동행 과정에서 서로에게 연민을 느낀다. 여기서 산업화에 소외된 사람들 간에 연대의 정을 느낄 수 있었다. 묘한 것은 사람들이 살기 어렵다고들 한다. 이는 물론 사회 전반적인 문제로 있겠지만, 사람들 사이에 정이 부족해서 그런 것 같기도 하다. 어려운 시기 타개를 위해 우리도 서로 정을 주고 받아야 겠다.

• 내용 고기

산업화(70')
삼포
→ × 가공의 지명,
려고 드는 고향.

정씨 : 출소 후 고향 삼포를 찾아가는 인부

영달 : 공사판을 찾아다니는 뜨내기 노동자

백화 : 술집에서 나와 고향으로
         돌아가려는 작부

→ 두 사람 마음의 벽을
   못 막아서 본다.
   후에 환경을 알림. 진심을 터 놓음.
         마음을 터 놓음.

X
려고드는 자의 면면한 마음이 고향.

• 정씨의 안식처
  b나 삭막한 곳으로
  변했다라는 두려움이 더함.
  정씨, 안식처를 잃음.

민중들의 따뜻한 인정과 연대의식,
급격한 농촌

급격한 산업화

주제
: 급격한 산업화 속에서 고향을 방황하고
  떠돌아 다니는 뜨내기 인생의 애환

Point

1. 줄거리보다는 느낀 점을 적는다.

2. 내용을 한눈에 파악할 수 있도록 등장인물, 주요 사건들을 그림으로 정리한다.

3. 주제와 사건의 의미를 요약한다.

고민이야 **고민**

이럴 땐 정말 **울고 싶어** ㅠㅠ

이게 나야

우리가 오해하는 것들